生态文明视域下

城镇空间治理对绿色经济效率的影响研究

Research on the Influence of Urban Spatial
Governance on Green Economic Efficiency from
the Perspective of Ecological Civilization

何晶彦 著

社会科学文献出版社
SOCIAL SCIENCES ACADEMIC PRESS (CHINA)

序　言

当前，绿色发展已成为全球经济运行的重要方向。绿色是生命的象征、自然的本底，良好生态环境是美好生活的自然基础、人民群众的共同期盼。但近年来，全球加速变暖，极端天气事件频发；空气污染、水体污染以及固体废物污染等环境问题仍然严重；能源需求量持续攀升，能源转型面临巨大挑战。气候变化、环境污染、资源紧张等是全球各国普遍面临的难题，同时加剧了经济社会不稳定性，倒逼各国加强绿色发展合作。中国出台《关于加快经济社会发展全面绿色转型的意见》，德国提出"工业4.0"战略，日本制定"国土形成规划"，欧盟颁布"欧洲绿色协议"……这些举措本质上都致力于探索以最小资源环境代价换取最大经济社会效益的绿色发展之路。

中国式现代化是人与自然和谐共生的现代化。习近平总书记强调，必须牢固树立和践行绿水青山就是金山银山的理念，站在人与自然和谐共生的高度谋划发展。党的十八大以来，我国逐步构建起科学系统的国土空间规划体系，大力加强生态修复和环境治理，全面推进国土空间治理体系和治理能力现代化，生态文明建设取得巨大成效。城镇空间作为经济活动和人口集聚的主要载体，是国土空间治理的重要单元和关键环节，其治理模式与效能直接关系资源利用效率、生态环境质量以及区域可持续发展水平。因此，探索一条既能满足发展需求，又能守住生态底线的城镇空间治理新路径，是提高区域绿色经济效率、实现区域绿色发展的关键。

何畠彦博士撰写的《生态文明视域下城镇空间治理对绿色经济效率的影响研究》一书，立足生态文明建设的现实背景，聚焦城镇空间这一空间治理的关键环节，以提高区域绿色经济效率为目标，从本地、邻地和区域三个空间视角系统构建了"治理动力—治理维度—治理路径—治理目标"的理论分析框架，阐释了生态文明视域下城镇空间治理影响绿色经济效率的过程与机制，分析了城镇空间治理对绿色经济效率的影响。同时，以京津冀及周边地区为例，对研究假设进行经济学实证检验。通读全书，我认为全书具有以下三个亮点。

一是创新性地为城镇空间治理体系的概念和内部构成提供理论阐释。学界目前对国土空间治理体系的内涵及构成要素尚未达成一致。该书从物质承载性（资源、生态和环境等客体依存空间）、社会经济属性（价值转化和社会关系再生产的主体活动空间）、联通延展性（实体联通、流动溢出和行为延展空间）三个方面严格界定城镇空间的内涵，进而根据空间治理理论推导城镇空间治理体系的构成要素、内在逻辑、评价方式，为全书的理论框架设计明确了逻辑起点。

二是研究构建城镇空间治理影响绿色经济效率的理论分析框架。该书构建"治理动力—治理维度—治理路径—治理目标"的理论分析框架，并提出"直接作用""中介传导""协同关联"三条影响路径，论证了城镇空间治理对绿色经济效率的影响机制。特别是空间范畴上"由小及大"、空间联系上"由内部到溢出再到关联"的递进式分析逻辑，深刻揭示了城镇空间治理是一项跨区域的系统工程，只有充分发挥多元主体、多维空间、多项政策的协同效应，才能达到预期治理效果。

三是提出"水平型"城镇空间治理网络关联结构更能提高区域绿色经济效率的论断。该书根据城镇空间治理强度，研究提出了"垂直型"和"水平型"两种多中心城镇空间治理网络关联结构，进而综合应用数据包络分析、社会网络分析等方法，验证了多中心城镇空间治理网络关联结构对区域绿色经济效率的影响，得出城镇空间治理网络关联结构越趋向"水平型"，越能提升区域绿色经济效率的结论。这启示我们在政策制定过程中，要注重树立整体治理观和系统治理观，不能忽视治理外部性及空间溢出效应，要推动构建"水平型"城镇空间治理网络关联结构，最大限度地提升区域绿色经济效率和绿色发展水平。

　　本书是国土空间治理和绿色发展领域具有较高理论价值和应用价值的一部著作，对树立系统化的空间治理观具有重要的理论参考意义。相信本书的出版将进一步推动国土空间治理和绿色发展领域的研究。

北京大学首都发展研究院院长
北京市人民政府参事
北京大学政府管理学院教授

2025 年 7 月 19 日

摘　要

　　绿色发展已成为全球经济运行的主流趋势。传统的工业化和城镇化模式依赖国土空间的无序开发，导致人们在追求经济增长的同时对国土空间产生负外部性，造成日益严重的生态环境问题。优化国土空间开发格局，加快生态文明建设，推进绿色发展迫在眉睫。为此，发达国家正以新科技革命重塑绿色经济体系。2020年10月，党的十九届五中全会提出"十四五"时期我国生态文明建设目标：生态文明建设实现新进步，国土空间开发保护格局得到优化，生产生活方式绿色转型成效显著，能源资源配置更加合理、利用效率大幅提高，主要污染物排放总量持续减少，生态环境持续改善，生态安全屏障更加牢固，城乡人居环境明显改善。生态文明建设依托国土空间的保护与高效利用，发挥"有为政府+有效市场"的双重力量，而以治理手段管控城镇空间的边界扩张与绿色利用，是实现区域绿色发展的关键所在。

　　以往实现绿色发展的治理手段往往聚焦节能、生态修复、环境规制等单一领域，割裂了城镇空间利用的系统性。本书树立资源—生态—环境"三位一体"的城镇空间系统治理观，从资源利用管控、生态功能修复和环境污染规制3个方面探索"有为政府+有效市场"的城镇空间治理新模式，研究生态文明视域下通过城镇空间治理实现区域经济绿色发展的作用机制与成效，尝试为平衡区域绿色发展与城镇空间利用提供可行路径。主要成果如下。

　　一是从物质承载性、社会经济性、联通延展性界定城镇空间的客观属性并推导出城镇空间治理具有主体多元性、客体多重性、方式集成性、目标聚焦性。生态文明视域下的城镇空间治理应是统筹政府、市场、公众主体关系，涵盖资源、生态、环境内在关联，聚焦绿色发展目标的综合体系。本书从资源利用管控、生态功能修复、环境污染规制3个方面协同界定城镇空间治理的具体内容并评价治理强度。

二是从直接作用、中介传导、协同关联3条路径提出生态文明视域下城镇空间治理影响绿色经济效率的理论分析框架和研究假设。直接作用路径主要指城镇空间治理对绿色经济效率具有资源集约效应、降污减排效应、要素重置效应和经济转型效应。中介传导路径主要指城镇空间治理能够有效倒逼地区产业结构升级，进而提升绿色经济效率；同时城镇空间治理具有溢出效应，通过转移产能落后产业抑制邻近地区产业结构升级，进而影响邻近地区的绿色经济效率。协同关联路径主要提出"水平型"和"垂直型"两种治理模式，垂直型治理模式下，治理的负外部性不利于区域整体绿色经济效率的提升。

三是对京津冀及周边城市的城镇空间治理强度及城市绿色经济效率进行实证分析。发现京津冀及周边城市的城镇空间治理强度总体呈现先降后升的"U"形变动态势，形成以京、津、石等高行政级别城市或经济重镇为核心的多层"核心—外围"格局，内部差距较大；城市绿色经济效率呈现整体提升和"东南高—西北低"特征。

四是运用空间杜宾模型验证城镇空间治理对绿色经济效率的"U"形作用关系。在拐点左侧，城镇空间治理对绿色经济效率表现出一定的抑制作用。在拐点右侧，城镇空间治理对绿色经济效率发挥正向激励作用。从平均水平看，资源利用管控、生态功能修复和环境污染规制的强度要接近50%，才能真正发挥城镇空间治理对绿色经济效率的提升作用。

五是运用空间中介效应模型验证"城镇空间治理—产业结构升级—绿色经济效率"中介传导机制。在空间中介效应模型中，核心解释变量城镇空间治理及其空间滞后项的一次项和二次项系数分别在1%的水平上显著为负和正。这说明城镇空间治理对产业结构高级化具有先抑制后促进的"U"形作用，进而对绿色经济效率呈现"U"形作用关系，产业结构高级化在城镇空间治理影响绿色经济效率中的中介效应得到论证，而本地和邻地同样的"U"形作用关系表明城镇空间治理兼具直接影响效应和空间溢出效应，在一定程度上验证了波特假说和"污染避难所"假说。

六是运用社会网络分析（SNA）的二次指派程序（QAP）验证多中心城镇空间治理网络关联结构能提升区域绿色经济效率的假设，进而发现城镇空间治理的协同联动水平越高，越能提升区域绿色经济效率。这启示我们提高区域绿色经济效率不仅要依靠各空间单元的自治，在京津冀及周边地区实施跨行政单元的城镇空间协同治理也十分必要。提高治理强度、提升城镇空间协同治理联动水平、构建多中心城镇空间治理网络关联结构，可以规避治理的负外部性，发挥绿色动能的溢出效应，提升区域绿色经济效率。此外，要加快人力资本、信息技术等要素的异地流动，重视挖掘新型城镇化、消费、投资和教育对绿色转型的支持作用。

本书的贡献有以下几个方面。首先，以构建中国特色空间治理体系促进城市经济绿色转型的理论分析框架具有创新价值。立足生态文明建设背景，尝试提出统筹"政府、企业、公众"和"资源、生态、环境"的中国特色空间治理体系，并阐释其支撑城市经济绿色转型的作用机理，弥补西方传统经济增长理论单纯侧重市场机制的不足。其次，从治理主体、治理客体、治理手段、治理目标等方面阐述生态文明视域下城镇空间治理的内涵及内在逻辑关联，进而构建基于资源利用管控、生态功能修复和环境污染规制 3 个方面的城镇空间治理强度评价指标体系，具有理论新意。再次，从直接作用、中介传导、协同关联 3 条路径梳理生态文明视域下城镇空间治理对绿色经济效率的作用机制，避免以往单纯考虑"土地绿色利用效率""绿色生态空间""环境规制""绿色经济效率"的片面性，理论更加完善，模型的误差更小。最后，将空间中介效应模型和 SNA-QAP 应用于城市经济问题研究，从治理网络视角研究网络关联结构对区域绿色经济效率的影响机制并为区域协同治理提供新思路，方法新颖且具有科学性。

本书主要内容来自本人的博士论文。本书获得国家发展改革委经济体制与管理研究所个人著作出版资助。时光荏苒，岁月如梭。在此，我要特别感谢求学道路上的李国平教授、祝尔娟教授、王德起教授等恩师，感谢他们对我的谆谆教诲和治学引路；感谢我的家人对我的抚养哺育和关爱帮助；感谢国家发改委经济体制与管理研究所及我所在的社会调查研究室的各位领导、同事对我工作的悉心指导和助力帮扶。未来，我将进一步深耕区域经济专业领域，继续为国家经济社会发展做好政策研究服务工作。

Abstract

Green development has become the mainstream trend of global economic operation. The traditional mode of industrialization and urbanization depends on the disorderly development of land and space, which leads to negative externality to land and space while people pursue economic growth, and causes more and more serious ecological environment problems. It is urgent to optimize the pattern of land and space development, speed up the construction of ecological civilization and promote green development. To this end, developed countries are reinventing their green economies with new technological revolutions. In October 2020, the Fifth Plenary Session of the 19th Central Committee of the Communist Party of China proposed the goal of building Ecological Civilization in China during the 14th Five-Year Plan period: New progress has been made in ecological civilization construction, with the development and protection pattern of territorial space optimized, remarkable results achieved in the green transition of production and living modes, more rational allocation of energy and resources, a significant improvement in utilization efficiency, a continuous reduction in the total emissions of major pollutants, continuous improvement of the ecological environment, a more solid ecological security barrier, and a notable improvement in the living environment of urban and rural areas. The construction of ecological civilization relies on the protection and efficient utilization of land and space, exerts the dual power of "having an effective market for the government" and controls the boundary expansion and green utilization of urban space by means of governance, which is the key to regional green development.

In the past, the governance measures to achieve green development often focused on single areas such as energy conservation, ecological restoration and environmental regulation, which separated the systematicness of urban space utilization. In this book, the trinity of "resources-ecology-environment" is established, and a new cross-border urban spatial governance model of "promising government + effective market" is explored from three dimensions of resource utilization control, ecological function restoration and environmental pollution control, and the mechanism and effect of urban spatial governance to achieve regional economic green development under the vision of ecological civilization are studied, trying to provide a feasible path for balancing regional green development and urban spatial utilization. The main achievements are as follows.

Firstly, it defines the objective attributes of urban space from the aspects of material bearing, social economy and connectivity extensibility, and deduces that urban space governance is characterized by pluralistic subjects, multiple objects, integrated approaches and focused goals. Urban spatial governance in the perspective of ecological civilization should be to coordinate the relationship among government, market and the public. Covering theintrinsic relationship among resources, ecology and environment; Comprehensive system focusing on green development goals. This book defines the specific content of urban spatial governance and evaluates the governance intensity from three aspects: resource utilization control, ecological function restoration and environmental pollution control.

Secondlg, from the three dimensions of "direct action path" "intermediary transmission path" "collaborative association path", this book puts forward the theoretical framework and research hypothesis of the impact of urban spatial governance on the efficiency of green economy from the perspective of ecological civilization. The direct action path mainly includes that urban spatial governance has resource intensive effect, pollution reduction effect, factor replacement effect and green economic effect on green economic efficiency. The transmission path mainly refers to the fact that urban spatial governance can effectively force the upgrading of local industrial structure, and then enhance the efficiency of green economy. Urban spatial governance has spillover effect, which inhibits the upgrading of industrial structure in neighboring areas through the industrial transfer of backward production capacity, thus affecting the green economic efficiency of neighboring areas. The collaborative path mainly proposes two governance modes: "horizontal" and "vertical". Under the vertical governance mode, the negative externality of governance is not conducive to the promotion of regional overall green economic efficiency.

Thirdly, it makes an empirical analysis on the urban spatial governance intensity and urban green economic efficiency of Beijing-Tianjin-Hebei and its surrounding cities. It was found that the urban spatial governance intensity of surrounding cities showed a "U"-shaped trend of first decreasing and then increasing, forming a multi-layer "core-periphery" pattern with Beijing, Tianjin, Shijiazhuang and other high administrative levels cities or economically important areas as the core, with a large internal gap. The efficiency of urban green economy presents a pattern of overall increasing and "high in the east and south, low in the west and north".

Fourthly, the spatial Dubin model is used to verify the U-shaped relationship between urban spatial governance and green economic efficiency. On the left side of inflection point, urban spatial governance has shown a certain inhibitory effect on green economic efficiency. On the right side of inflection point, urban spatial governance plays a positive role in stimulating the efficiency of green economy. From the average level, the intensity of resource utilization control, ecological function restoration and environmental pollution control should be close to 50%, so as to truly play the role of urban spatial governance in improving the efficiency of green economy.

Fifthly, the intermediary mechanism of "urban spatial governance-industrial structure upgrading-green economic efficiency" is verified by using the spatial intermediary effect model. In the mode of spatial mediation effect, the coefficients of primary and secondary terms of urban spatial governance and its spatial lag are significantly negative and positive at the level of 1%. It shows that the urban spatial governance has a "U" effect on the upgrading of industrial structure, and then presents a "U" effect on the efficiency of green economy. The intermediary effect of the upgrading of industrial structure on the efficiency of green economy in urban spatial governance has been demonstrated, while the same "U" effect between local and neighboring areas shows that urban spatial governance can have both direct effect and spatial spillover effect, which verifies the "Porter Hypothesis" and "Pollution Shelter" Hypothesis to some extent.

Sixthly, SNA-QAP analysis is used to verify the hypothesis that the association structure of multi-center urban spatial governance network can improve the efficiency of regional green economy is demonstrated, and then it is found that the higher the collaborative linkage level of urban spatial governance, the more it can improve the efficiency of regional green economy. The enlightenment is that we should not only rely on the autonomy of each spatial unit to improve the efficiency of regional green economy, but it is very necessary to implement the coordinated management of urban space across administrative units in Beijing, Tianjin and Hebei and its surrounding areas. By improving the governance intensity, improving the linkage level of urban spatial collaborative governance and constructing the multi-center urban spatial governance network association structure, we can avoid the negative externalities of governance, give play to the spillover effect of green kinetic energy, and enhance the efficiency of regional green economy. In addition, it is necessary to speed up the flow of elements such as human capital and informatization technology in different places, and attach importance to exploring the supporting role of new urbanization, consumption, investment and education in green transformation.

The marginal contributions of this book are as follows. Firstly, the theoretical framework of constructing the spatial governance system with Chinese characteristics to promote the green transformation of urban economy has theoretical innovation value. Based on the strategic background of ecological civilization, this book tries to put forward a spatial governance system with Chinese characteristics that coordinates "government, enterprise, public" and "resources, ecological, environment", and explains its mechanism of supporting the green transfermation of urban economy, so as to make up for the deficiency that the western traditional economic growth theory only focuses on the market mechanism. Secondly, the connotation and internal logical relationship of urban spatial governance under the vision of ecological civilization are expounded from aspects of governance subject, governance object, governance means and governance goal, and then the evaluation index system of urban spatial governance intensity based on three governance dimensions of resource utilization control, ecological function restoration and environmental pollution regulation is deduced, which has theoretical innovation. Thirdly, it combs the mechanism of urban spatial governance on green economic efficiency from three paths: direct action, intermediary transmission and synergy, avoiding the one-sidedness of "green land utilization efficiency" "green ecological space" "environmental regulation" "green economic efficiency" in the past. The theory is more perfect and the error of model is weaker. Finally, the spatial mediation model and SNA−QAP are applied to the study of urban economic problems. From the perspective of governance network, the influence mechanism of network association structure on regional green economic efficiency is studied and new ideas are provided for regional collaborative governance. The method is novel and scientific.

目　录

第1章 导论

1.1 研究背景与研究意义

1.1.1 研究背景

绿色发展已成为全球经济运行的主流趋势。传统的工业化和城镇化过度依赖国土空间的无序开发与利用，在推动经济增长的同时造成了日益严重的生态环境问题，如全球气候变暖、区域烟雾、核泄漏、战略性资源短缺等。进入 21 世纪，新一轮科技革命为全球绿色发展提供了技术支撑。尊重人与自然和谐共生的基本规律，从产业转型、空间利用、节能减排等多个领域构筑绿色经济体系已成为各国绿色经济政策的落脚点。从全球范围看，发达国家正在从培育绿色环保产业、优化能源使用结构、强化生态修复和环境治理等多个领域实施"绿色新政"，如欧盟的"欧洲绿色协议"，德国率先实施的"工业 4.0"，法国的"绿色产业政策"，美国通过投资清洁能源开发绿色新动能，韩国的"绿色增长"经济振兴战略，日本通过建立"国土空间治理法律体系"来规范空间利用、推进生态修复。从国内看，2017 年党的十九大将"坚持人与自然和谐共生"列入新时代坚持和发展中国特色社会主义的基本方略之一。2018 年"生态文明"被写入《中华人民共和国宪法》，为生态文明建设提供了法律保障。2020 年 10 月，党的十九届五中全会提出"十四五"时期我国生态文明建设目标：生态文明建设实现新进步，国土空间开发保护格局得到优化，生产生活方式绿色转型成效显著，能源资源配置更加合理、利用效率大幅提高，主要污染物排放总量持续减少，生态环境持续改善，生态安全屏障更加牢固，城乡人居环境明显改善。2021年国务院《政府工作报告》提出以植树造林、调整能源及产业结构等方式降低二氧化碳排放，达成"碳达峰""碳中和"的目标，进而实现绿色低碳发展。此外，《工业绿色发展规划（2016—2020年）》等为探索经济绿色发展道路提供了指导。以上内容充分说明，绿色发展已成为世界各国经济运行的重要导向。而要实现绿色发展，需要先明确促进经济绿色转型的机制，进而以更加有效的治理手段统筹政府、市场与公众等多元主体，驱动经济增长与生态安全、资源节约和环境保护的协调。

城镇空间治理是实现区域经济绿色转型的关键所在。改革开放以来，中国的GDP实现跃升，中国已进入工业化后期阶段[1]，城镇化率由1978年的17.9%增长到2019年的60.6%。工业化通过马歇尔外部性和雅各布斯外部性形成集聚效应，大幅拉高城镇化水平，但同时城镇边界无序扩张侵占了大量耕地和生态空间，严重破坏了自然生态系统，更引致了资源枯竭、生态退化、交通拥堵、环境污染等"大城市病"。要削弱城镇化的负外部性，就必须立足城镇空间这个根本症结单元，发挥"有为政府+有效市场"的双重力量，以治理手段构建城镇空间绿色发展新模式，助力国土空间的绿色协调利用。当前，城市规划理念已从单一物质环境向物质环境、经济、社会、空间协调发展的综合体系演进[2]。2019年，中国政府整合土地利用、生态环境、城乡发展等专项规划，出台《中共中央、国务院关于建立国土空间规划体系并监督实施的若干意见》（以下简称《意见》）并划定"三区三线"，科学有序布局城镇、生态、农业功能空间，实施具有针对性的空间治理政策。政府在发挥管控作用的同时倒逼市场主体重新配置资源，共同参与城镇空间治理，促进城镇化由高速增长向高质量发展转变，地区经济由粗放增长向绿色发展转型。

京津冀及周边地区作为典型区域，亟须为全国探索出以城镇空间协同治理助力绿色经济发展的新机制与转型经验。综合历年《中国生态环境状况公报》，京津冀及周边地区的生态破坏、空气污染、地下水污染、土壤污染等问题尤为突出，多项指标处于全国落后位置。在水污染方面，海河流域是国内九大流域中水污染较为严重、水质较差的流域；在大气污染方面，2020 年京津冀地区 $PM_{2.5}$ 平均浓度为 51 微克/米^3，污染超标天数占比为 36.5%，重度及严重污染天数占比为 3.5%，均远高于长三角及全国平均水平。工业化和城镇化加剧城镇空间的无序利用，资源过度消耗、生态破坏和环境污染等问题严重加剧空间利用失衡。为此，生态环境部在京津冀地区划定生态保护红线，旨在发挥政府和市场的双重作用，通过实施生态系统修复工程、建立区域生态环境联防联控和生态补偿机制等方式探索区域协同治理模式，修复和还原空间的绿色本底。但当前京津冀及周边地区侧重于末端环节治理，缺乏对土地、资源高效利用等前端环节治理和区域内城镇空间跨界协同治理。这本质上是缺乏以下两个方面的共识：一是多元主体对城镇空间的无序利用是出现各种空间失衡现象的根本原因；二是资源、生态和环境等多维客观实体共同构成国土空间，只强调某一方面的治理忽略了客观联系，不能完全有效地解决空间利用失衡问题。针对京津冀及周边地区日益严重的空间失衡问题，应树立资源—生态—环境"三位一体"的城镇空间系统治理观，从资源利用管控、生态功能修复和环境污染规制 3 个方面探索城镇空间治理新模式，研究城镇空间治理助力提升区域绿色经济效率的新机制并进行科学验证，探索以系统治理、协同治理、源头治理实现城镇空间协调利用，为将绿色转型先行经验向全国推广提供有力支撑。

1.1.2 研究意义

1.1.2.1 理论价值

一是丰富和完善绿色发展导向下的国土空间治理理论体系并提供经济学解释。传统的空间治理理论聚焦政府、市场主体和公众如何参与治理，较少从经济学视角分析空间治理对于绿色经济目标的实现机制。特别是基于生态文明建设的客观需求，立足国土空间重点分析城镇空间治理对绿色经济效率的影响机制更具有理论价值。本书拟在空间治理理论视角下，结合新区域主义、资源环境价值、公共物品、新都市主义、城市精明增长等城市发展理念，聚焦政府和市场等治理主体以绿色转型为目标参与城镇空间治理的内在动力、作用机制和博弈过程，为政府和市场参与治理的动力、机制和过程提供经济学解释，这对于丰富和完善绿色发展导向下的国土空间治理理论体系具有重要的价值。

二是丰富中国特色治理体系的内涵与外延。西方的传统经济增长理论往往关注市场机制作用。党的十八届三中全会提出："要完善和发展中国特色社会主义制度，推进国家治理体系和治理能力现代化。"中国特色社会主义制度和国家治理体系以马克思主义为指导，坚持以人民为中心，故要统筹考虑政府与市场的双重作用。本书立足生态文明建设视角，尝试构建绿色发展导向下城镇空间治理促进城市经济绿色转型的理论分析框架，这对于从治理角度推进城市经济绿色转型、区域协调发展，提升区域协同治理能力，促进国家治理体系和治理能力现代化具有理论创新价值。

三是为区域绿色协同发展和跨界城镇空间协同治理提供理论支撑。城镇空间治理通过国土空间的绿色利用与保护来最大限度地提升空间资源配置效率，进而调整产业结构及空间布局，促进绿色经济转型。城镇空间是具有经济价值、社会价值、生态价值等多元价值的统一体，生态环境破坏往往遵循市场逻辑，污染物排放往往集中在低市场价值空间。而在城镇化进程中，政府的过度介入将使城市失去活力，而政府"失灵"又会造成城镇空间公益性的缺失，负外部性也会影响跨行政边界的城镇空间。因此，本书以研究绿色发展导向下的城镇空间治理为主线，统筹地方政府与市场主体的关系，具体分析城镇空间治理强度对产业转型的作用，为实现区域协调发展提供理论支撑。

1.1.2.2 现实意义

一是研判京津冀及周边城市绿色经济发展现状和短板，为提出治理路径提供现实依据。京津冀及周边城市地处华北平原地区，地缘邻近、人缘相亲，在资源利用管控、生态功能修复与环境污染规制方面具有显著的空间相关性，需要在研判区域生态环境现状的基础上，构建区域内高效合理的空间治理联动机制，共同实现区域的绿色转型发展。本书拟构建基于经济增长与空间利用协调发展的绿色经济效率评价指标体系，准确研判区域整体及各空间单元的绿色经济效率，一方面为城镇空间治理提供目标导向并研判现状与短板，另一方面为城镇空间治理的路径设计提供有效的现实依据。

二是为推进国家治理体系建设提供重要的空间依托。党的十九届四中全会审议通过了《中共中央关于坚持和完善中国特色社会主义制度 推进国家治理体系和治理能力现代化若干重大问题的决定》，明确提出要坚持和完善生态文明制度体系，促进人与自然和谐共生。生态环境治理是构建国家治理体系的重要领域，区域协同治理是国家治理体系和治理能力现代化的集中体现。以新模式、新思路、新理念研究城镇空间治理对地区绿色发展的影响，不仅有利于摸清推动京津冀及周边地区绿色转型的现实路径，从长远看，更是为构筑国家治理体系提供重要的空间依托。

三是为区域绿色转型发展提供空间治理的经验参考。京津冀及周边城市的空间治理既具有共性参考价值，又具有特殊性。共性主要体现为政府与市场的相互作用最终是为了实现空间资源优化配置与绿色转型发展。特殊性主要体现在以下三方面。在治理主体方面，不仅涉及各地方政府与市场，还需协调"央地""城市间"关系；在治理目标方面，不仅要实现区域绿色转型与协调发展，还要注重首都功能提升和非首都功能疏解的协调；在治理手段方面，相对于长三角和珠三角，京津冀市场化程度较低，国企比重较高，政府在区域治理中的地位更加突出，如何在政府主导作用下调动市场主体参与空间治理、共同实现绿色发展更加重要。因此，本书在遵循区域经济中心与外围空间作用关系规律的基础上，结合京津冀及周边城市特殊性，一方面为区域绿色、协调发展与京津冀协同发展战略的落实提供现实支撑，另一方面在空间跨界共治、国土空间用途管制等方面提出治理的具体路径，最终为区域绿色发展与空间优化开发提供可行的建议。

1.2 基本概念及范围界定

1.2.1 国土空间与城镇空间

国土空间是指国家主权与主权权利管辖下的地域空间，是国民赖以生存的地域和环境，包括陆地、陆上水域、领海、领空等①。国土空间包括一切自然生态（植物、水域等）、资源（土地、能源等）与环境（清洁空气等），它们既是自然界的客观存在，也是人类及其经济社会活动的基本载体。

城镇空间是以城镇居民生产生活为主要功能的空间单元，是承载城镇化活动的国土空间。《意见》提出划定"三区三线"，即"统筹布局城镇、生态、农业等功能空间，划定生态保护红线、永久基本农田、城镇开发边界等空间管控边界"。其中，城镇开发边界是特定时间内引导城镇化进程、限制城镇无序扩张、避免占用耕地和生态用地而划定城镇建设用地的最大范围②。因此，城镇空间是城镇开发边界内部的空间范畴，城镇开发边界是国土空间用途管制的重要工具[3]。但由于规划复杂性、政策制定长远性和技术手段等现实约束，城镇开发边界的划定仍在探索研究阶段，学界主要通过"城镇建设用地"或"建成区面积"来反映城镇空间或城镇化活动空间的扩张或收缩情况[4-6]。

从两者关系看，城镇空间是国土空间的重要组成部分，更是实现城市经济绿色发展的重要依托。一是城镇空间是国土空间的子单元。立足顶层设计视角，《意见》明确提出划定生态保护红线、永久基本农田和城镇开发边界"三线"，继而将国土空间划分为城镇、生态和农业3种功能空间。其中，农业空间主要承担供给农产品及保护粮食安全功能；生态空间主要承担水源涵养、生物多样性保护、防风固沙、防止水土流失等生态功能；而城镇空间是以集约适度、绿色发展为原则，以集中进行城镇开发建设为主要功能的空间单元，涉及城市、建制镇以及各类开发区等③。"三区三线"虽然互不重叠，但在各功能区内允许存在异质斑块，如城镇空间内不存在生态保护红线和永久基本农田，但允许存在城市绿地等人工生态空间及预留空间（见图1-1）。这说明未来国土空间的利用将更加突出不同类型空间单元的主体功能，兼顾城镇空间高效利用与农业、生态空间的严格保护。二是城镇空间的各类要素

---

① 资料来源：《国务院关于印发全国主体功能区规划的通知》，2010年12月。
② 资料来源：《中共中央 国务院关于建立国土空间规划体系并监督实施的若干意见》，2019年6月。
③ 资料来源：《中共中央办公厅 国务院办公厅关于在国土空间规划中统筹划定落实三条控制线的指导意见》，2019年11月。

包含于国土空间。国土空间可以分为地面空间（土地、水域等资源或生态）和地上空间（大气环境）。城镇空间作为国土空间的组成部分，自然可从"土地+大气环境"视角进行划分。三是城镇空间是发展绿色经济的关键依托。从 2007 年审议通过的《中华人民共和国城乡规划法》到各行政级别下的土地利用规划，再到生态文明建设背景下的国土空间规划，国土空间利用基本导向经历了"侧重城区开发—强调耕地保护—协调空间开发与保护"的转变。立足生态文明建设，"多规合一"后的国土空间规划更注重生态修复与环境保护。而城镇空间是经济活动的主要承载区，也是对生态、资源和环境产生负外部性最集中的区域，城镇空间治理一方面应防止城镇空间无序扩张；另一方面应坚持生态优先、绿色发展的导向，加大对城市人工生态系统和环境污染的治理力度，促进城镇空间内部经济增长与资源生态承载能力、环境容量的协调。

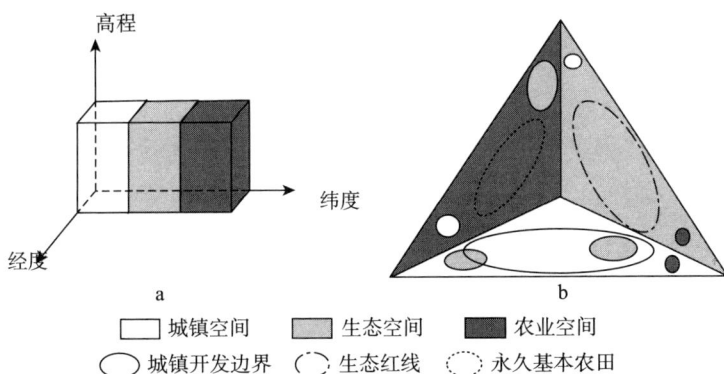

图 1-1　国土空间"三区三线"构成（a）及交互关系（b）模拟示意

说明：图 b 结合高晓路等（2019）观点修改绘制，详见参考文献［3］。
资料来源：笔者自制。

1.2.2　空间治理与城镇空间治理

治理（governance）本意是控制、操控[7]。20 世纪末，西方学者倾向于用"治理"来区别"管理"。一是强调主体多元化的治理结构。主张构建政府、企业、民众等多元主体参与的多中心自我治理结构，且更侧重"小政府"和民众自治[8]。二是强调以善治为目标的治理理念。以公开透明、权责明确、法治公平为原则，制定统一的法规和标准以约束主体行为，消除歧视和社会排斥，缓解政府与民众的矛盾，目标是实现所有主体利益均衡[9]。我国是人民民主专政的社会主义国家，国家的一切权力属于人民。中国共产党代表人民掌握政权，领导各级政府实施治理行为[10]。因此，在当前国家治理体系的研究语境下，治理同样强调多元主体共同参与，但核心是党、政府、人民紧密连接的统一体。其中，党居于战略统筹地位，政府在治理活动中发挥主导者和指挥棒的作用，人民在治理活动中发挥监督作用。各项治理决策是在党的领导和广泛听取人民意见的前提下，政府做出的理性规划、政策指令和行动部署，企业和自治组织在自主决策的同时，往往根据政府政策做出相应的战略调整。我国治理体系的"善治"目标恰恰体现为我国社会主义制度能够集中力量办大事、满足最广大人民的根本利益。

空间治理（spatial governance）目前尚未形成统一的概念。其内涵源于城市政体理论，即城市政体是"政府—市场—公众"博弈形成稳定的权力结构[11]，空间治理是多元主体运用各自权力在空间资源利用上进行博弈以实现空间正义的过程[12-13]。但在不同视角下，空间治理的内涵各有侧重。在规划实践视角，张兵、黄征学等提出保障各类空间主体功能是空间治理的重要内容[14-15]；在土地科学视角，黄贤金、严金明、王德起等认为空间治理是通过生态修复、资源集约、环境规制、空间用途管制促进国土空间绿色利用[16-18]；在区域经济及地理学视角，杨伟民[19]认为空间治理是在国家基本制度和规划政策的基础上，根据各空间的主体功能分类施策，以实现人口、经济、资源、环境的绿色均衡发展。综合国内外研究来看，国内的空间治理主要聚焦国土空间领域，其治理体系包含社会系统、自然系统这两个相互耦合的子系统。第一，社会系统是包含"政府—市场—公民"的三元空间治理主体系统，既体现了城市政体理论的治理内核，也反映了3个主体的博弈关系，即政府—市场博弈关系、政府—公民社会责任互衬关系和市场—公民新型社会监管关系，三者立足各自社会角色及主体功能进行博弈，形成动态合作的新型治理主体系统。第二，自然系统是包含"资源—生态—环境"的三元空间治理客体系统。空间既可以是某一类物质实体，也可以是经济社会发展的客观载体。生态文明视域下的空间概念是"资源—生态—环境"的综合。三者既存在概念上的差异，又存在功能上的联系，是权重相等的 3 个维度。资源是具有价值的可被人类利用的客观存在。"生态环境"是舶来词，是老一辈生态学家对俄文"экотоп"或英文"ecotope"的直译[20]，但其本意偏重"生境"，是物种面临的对其产生影响的全部环境因子的集合[21]。"生态环境"往往是"生态和环境"的简称，故生态和环境有概念的区别[22]。如黎兵等[23]提出资源指具有使用价值的外在因素的总和；生态指由生物因子（动植物、微生物等）和非生物条件组成的共生系统；环境单纯指一切客观自然的外在物质条件。在空间经济视角下，资源属于经济学范畴，强调资源优化配置；生态强调自然或人工生物体、生物多样化和系统稳定性；环境强调各种自然的外部条件因素。而在功能关联视角下，资源更偏重于土地（利用规模与结构），土地生态化利用是生态文明建设的物质基础，环境问题、生态安全问题往往是土地开发利用失序所致。"资源—生态—环境"两两耦合构成绿色导向的空间利用约束条件："资源—生态"耦合实现生态系统服务价值提升；"资源—环境"耦合统筹经济效益最大化与环境负外部性最小化；"生态—环境"耦合是生态系统存在的自然本底（见图 1-2）。因此，本书界定的空间治理是三元主体对国土空间无序利用行为进行协同规制以实现空间绿色发展等目标的手段与过程。绿色空间利用不仅是一个先进的发展理念，而且是相关主体之于土地的一系列行为方式以及相应的制度与公共政策体系。

城镇空间治理（Urban Spatial Governance，USG）是对城镇化进程中的空间过度开发、无序利用和破坏等行为的规制。空间利用失衡本质上是城镇化负外部性的结果，城镇空间治理是为了削弱空间集聚的负外部性，即要素在城镇空间大规模集聚导致城镇边界不断蔓延及城市内部资源消耗、生态破坏、环境污染、交通拥堵、职住偏离等空间利用失衡问题[24]。以往的城镇空间治理研究往往涉及"城市治理"这个概念，主要从调整城市规划以匹配实际用地需求[25]、控制土地开发强度和调整土地利用结构[26]、制定严格的环境污染规制政策[27]、加强人口结构调控与社区治理[28]、以城中村混居促进城乡融合[29]、构建政府与市场联动机制[30]等途径解决空间利用失衡问题。而随着城市空间复杂性愈加突出，空间治理的方式、目标与技术手段应与时俱进。

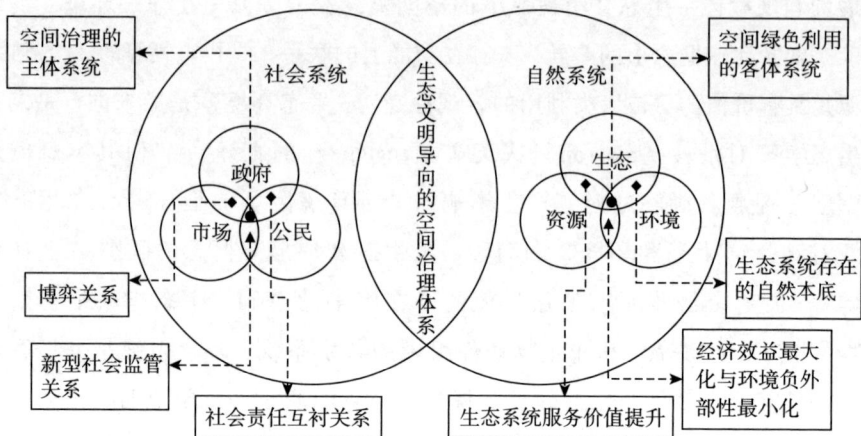

图1-2　生态文明导向下的现代化空间治理体系

资料来源：笔者自制。

《意见》明确提出，将土地利用、生态环境等规划进行"合一"，目的是统筹国土空间的整体性进行综合治理，同时明确划定"三区三线"的任务。学者也开始侧重依主体功能划分空间，研究成果更加明确突出城镇空间，如聚焦城镇空间边界划定[3]、污染跨界协同治理[31]、城镇空间网络化联动模式[32]、城镇空间网络化治理[33]等问题。王德起[18]提出城镇国土空间治理是通过资源配置、生态系统修复及环境保护实现国土空间有效、公平、绿色可持续利用及均衡发展。立足中国国情和生态文明建设背景，从治理主体看，城镇空间治理如果单纯依靠市场调节只会加重失衡现象，需要政府对具有公共物品属性的空间进行管治和调控，即多元主体共治。从治理维度看，空间是包含土地、生态和环境的综合系统，需要运用多维度统筹的治理思路实现空间协同管控。因此，本书认为城镇空间治理是以政府为主导、企业为主体、公众参与，从资源利用管控、生态功能修复和环境污染规制等方面限制城镇空间无序扩张或利用行为的一套综合体系，目标是倒逼经济运行方式转变，促进城镇空间高效、绿色和均衡发展。

1.2.3　绿色经济效率

绿色经济效率（Green Economic Efficiency，GEE）是统筹资源利用、经

济增长和环境代价的综合经济效率，是反映一个国家或地区经济绿色发展水平的重要指标。传统的经济增长理论关注"投入—产出"的转化过程，但在高耗能、高投入、低效率的发展模式下，经济增长来源于资源要素投入，并非效率提升[34]，不利于实现可持续发展。在绿色发展理论的视角下，经济发展不仅强调效率提升，而且关注资源、生态和环境的协调。Pearce 等[35] 首次将"绿色经济"界定为考虑环境约束和代际公平的经济增长。区别于统筹"经济—社会—生态环境" 3 个子系统的绿色发展，绿色经济更侧重以生态文明为导向、生态型产业为核心、生态环境保护为特色，立足"经济—生态—环境"实现经济增长、资源消耗减少和环境质量提升[36-38]。若从"投入—产出"视角审视经济绿色发展水平，可以更全面地评价经济发展质量及经济与生态环境的协调程度。杨龙、胡晓珍[39] 首次将污染产出指标引入经济效率测算模型，并以此界定绿色经济效率。Ahmed[40] 将能源消耗作为投入要素、污染物排放量作为产出要素，界定绿色经济效率是考虑资源和环境代价的综合指标。钱争鸣、刘晓晨[41] 界定绿色经济效率是全面考虑资源投入、经济产出和环境代价，将资源利用及生态环境的损失成本协同纳入生产过程获得的综合经济效率。综上，绿色经济效率是近年来才兴起的热点概念，学界对其概念和内涵的界定基本达成一致：统筹资源要素消耗、生态环境质量和经济产出的综合经济效率。本书将沿用学界共识。

1.2.4 研究范围界定

第一，本书的研究范围是京津冀及周边 31 个城市，具体包括北京，天津，河北省的石家庄、唐山、保定、邯郸、张家口、承德、廊坊、秦皇岛、沧州、邢台和衡水，山西省的太原、阳泉、长治、晋城，山东省的济南、淄博、济宁、德州、聊城、滨州、菏泽，河南省的郑州、开封、安阳、鹤壁、新乡、焦作、濮阳。该区域是全国生态环境破坏问题较为严重的区域，实现其绿色转型既是生态文明建设的必然要求，也是经济发展的重要任务，更是保障生态安全和人民利益的现实需求。本书选取研究范围的依据有以下两个。一是立足京津冀协同发展的战略需求，要实现"建设以首都为核心的世界级城市群、区域整体协同发展改革引领区、全国创新驱动经济增长新引擎、生态修复环境改善示范区"的目标，应在生态环境保护方面加强跨界合作，通过建立一体化的环境准入和退出、环境污染治理、循环经济、生态补偿等区域协同治理新机制，推进生态文明建设。二是根据历年《中国生态环境状况公报》，京津冀及周边城市的空气污染、水污染、土地污染问题尤为突出。综上，本书选取京津冀及周边 31 个城市为研究对象，但由于山西长治相关数据缺失严重，故后文选取除长治外的 30 个城市进行实证分析。

第二，本书主要聚焦城镇空间的研究范畴。恒大研究院发布的《2019 中国城市发展潜力排名报告》显示，我国城镇化水平已达到 60.6%，全国 19 个城市群以 25%的土地集聚了全国 75%的人口，GDP 占全国的 88%。城镇空间是人类经济活动的集中承载区，也是破坏生态环境的主要单元，要促进城镇经济绿色转型，就要实现空间绿色利用和"三区"协调。《意见》提出将空间治理作为加快形成绿色生产与生活方式的重要举措，强调国土空间规划要坚持生态优先、绿色发展的理念，综合考虑人口分布、经济布局、生态环境保护等因素，划定"三区三线"，推进生态系统修复和环境评价，保障城镇、农业、生态空间的绿色协调发展。综上，本书重点分析城镇空间治理对绿色经济效率的影响机制与成效。

1.3 研究思路与研究方法

1.3.1 研究思路

本书以"立论—论证—实证—结论"为研究路线，分为四大逻辑板块（见图 1-3）。一是"立论"：理论基础与文献梳理。运用归纳与演绎的分析方法，立足城市政体、空间生产、可持续发展、新区域主义等基础理论，系统梳理国土空间治理、城镇空间治理、绿色发展、绿色经济效率等领域的研究文献，分析城镇空间治理和绿色经济效率的基本概念、科学内涵及演变逻辑。二是"论证"：理论研究与假设提出。阐释并推导生态文明视域下城镇空间治理与绿色经济效率的科学内涵、构成维度、内在逻辑与指标体系，进而分析生态文明视域下城镇空间治理影响绿色经济效率的作用路径及效应，并提出 3 条假设。三是"实证":模型构建与假设检验。以京津冀及周边地区为实证研究对象,首先运用指数编制法和数据包络分析法(DEA)对城镇空间治理强度和绿色经济效率进行测度,并运用地理信息系统(GIS)对异质性时空演化特征进行可视化分析,研判现状与短板;其次利用空间杜宾模型、社会网络分析(SNA)的二次指派程序(QAP)等对 3 条假设进行实证检验与综合分析,研判作用强度与作用形式,分析空间溢出效应;最后在实证结果的基础上对标理论假设,研判假设验证程度、短板及现实意义。四是

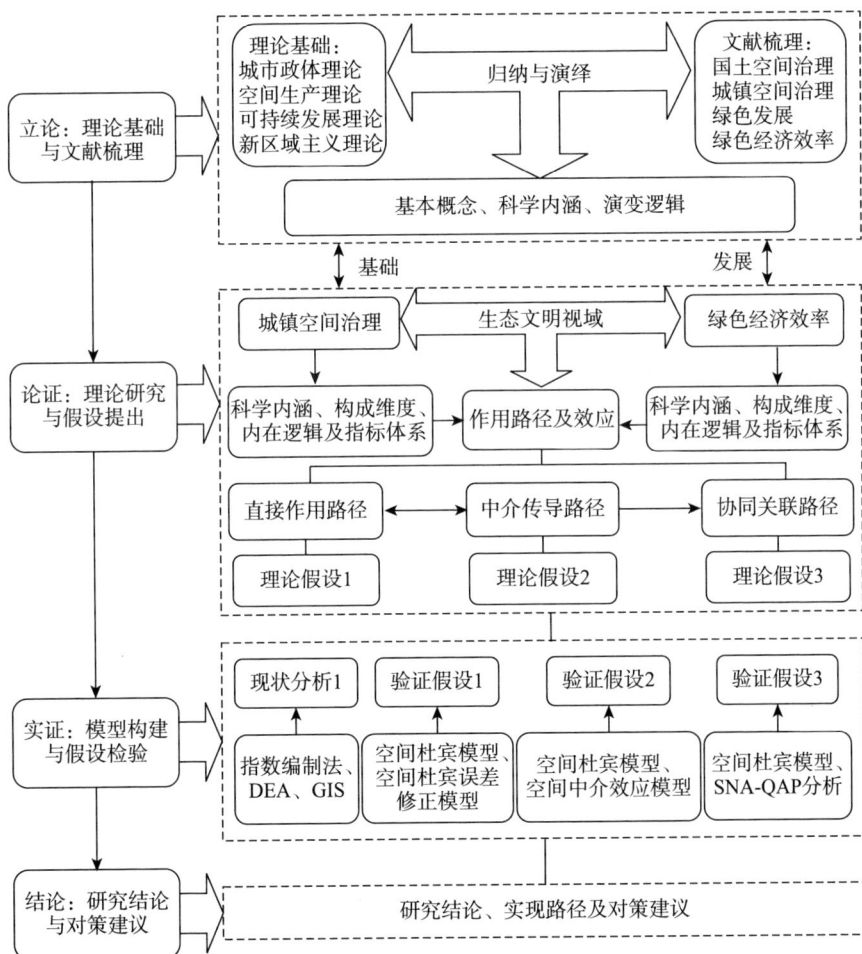

图 1-3 研究思路

资料来源:笔者自制。

13

"结论"：研究结论与对策建议。在理论分析与实证检验的基础上得出研究结论，进而结合京津冀及周边地区城镇空间治理强度和绿色经济效率，得出以城镇空间治理手段促进绿色经济转型的可行路径。

1.3.2　研究方法

在总结相关研究的基础上，立足区域经济、土地经济、资源与环境经济、公共管理等相关学科领域的基础理论，构建生态文明视域下城镇空间治理影响绿色经济效率的理论机制和计量模型，结合空间计量模型、DEA、GIS、遥感、统计分析等具体方法或工具，对影响机制和作用成效进行验证及测度。

第一，理论研究与实证研究相结合。综合文献分析、理论推演等方法，在国内外相关理论研究的基础上，科学界定城镇空间治理和绿色经济效率的概念、特征与内在逻辑关系，进而研究两者的互动机制及效应。在理论研究层面，明确生态文明视域下城镇空间治理的科学内涵及运行机理，研究其影响绿色经济效率的机制与形式，进而提出理论分析框架和假设。在实证研究方面，综合评价城镇空间治理强度和绿色经济效率，建立基于异质性的空间杜宾模型、空间中介效应模型等对理论机制进行验证，并对空间溢出效应进行分析。

第二，运用指数编制法、SBM-DEA和EBM-DEA模型对京津冀及周边地区城镇空间治理强度和绿色经济效率进行评价。综合统计数据和遥感大数据，构建两套指标体系，运用指数编制法（熵值法客观赋权）定量测度城镇空间治理强度并进行GIS可视化分析；运用DEA对绿色经济效率进行科学测算并进行GIS可视化分析。

第三，运用探索性空间分析（全局Moran's I和局域Moran's I）对绿色经济效率、产业结构高级化的空间相关性进行定量分析。作为空间计量模型检验的前提条件，运用探索性空间分析检验相关变量是否存在空间相关性。

第四，运用空间计量模型和中介效应分析法对理论机制、效应进行检验与定量分析。一是运用空间杜宾模型检验生态文明视域下城镇空间治理影响绿色经济效率的直接作用机制，并分析空间溢出效应；二是运用空间中介效应模型对产业结构高级化在城镇空间治理影响绿色经济效率中的中介传导机制进行检验，并分析空间溢出效应；三是运用空间杜宾模型检验城镇空间治理网络关联结构对绿色经济效率的影响机制。

第五，运用 SNA 研判京津冀及周边地区城镇空间治理强度的网络关联结构，进而用 SNA-QAP 分析城镇空间治理协同联动能力对绿色经济效率的影响。

1.4 研究内容与结构安排

1.4.1 研究内容

第一，在空间治理、城市土地利用、可持续发展等理论研究的基础上，本书以"立论—论证—实证—结论"为研究思路，构建生态文明视域下城镇空间治理影响绿色经济效率的理论分析框架。首先，科学界定城镇空间治理和绿色经济效率的概念，厘清多元主体在城镇空间治理中的角色与关系。其次，构建城镇空间治理强度和绿色经济效率相关指标体系。拟从资源利用管控、生态功能修复和环境污染规制 3 个方面构建城镇空间治理强度评价指标体系，从"投入—期望产出—非期望产出"3 个维度构建绿色经济效率评价指标体系。再次，研究城镇空间治理对绿色经济效率的作用机制。从"直接作用""中介传导""协同关联"3 条路径界定城镇空间治理对绿色经济效率的影响路径。最后，在 3 条路径的基础上提出相应的假设，并在后文进行验证。

第二，测算京津冀及周边城市的城镇空间治理强度和绿色经济效率，进而进行时间维度分析和探索性空间分析，在研判绿色经济效率时空演变现状的基础上，为后文理论研究和实证检验提供依据。

第三，本书立足"本地—邻地—区域"，研究不同视角下城镇空间治理如何通过影响企业的生产决策（反映在宏观上即改变城市的产业结构）进而影响绿色经济效率。首先，研究城镇空间治理是否能直接作用于绿色经济效率以及作用形式及效应如何。其次，研究产业结构高级化是不是城镇空间治理影响绿色经济效率的中介变量。在"本地"视角下，研究城镇空间治理是否会改变产业结构，进而形成结构升级效应和绿色转型效应影响绿色经济效率；作用是否呈现先降后升的"U"形特征。在"邻地"视角下，研究城镇空间治理强度是否会影响周边地区的产业结构，进而形成空间溢出效应，影响周边地区的绿色经济效率；作用是否同样呈现"U"形特征。最后，在"区域"视角下，研究跨界城镇空间治理网络关联形式及协同联动能力是否影响区域绿色经济效率。基于以上3个视角，拟运用空间杜宾模型、SNA等分析城镇空间治理对绿色经济效率的影响机理、作用形式与成效。

1.4.2 结构安排

本书结构安排如下。

一是理论梳理，包括第一章和第二章。第一章为导论，包括研究背景、研究意义、研究思路、范围界定、研究方法及创新与不足等。第二章为理论梳理与文献综述，从城镇空间治理相关研究、绿色经济效率相关研究等方面进行综述。

二是构建理论分析框架，包括第三章。拟从"治理动力—治理维度—治理路径—治理目标"构建城镇空间治理影响绿色经济效率的理论分析框架，并从"本地—邻地—区域"3个视角深入研究生态文明视域下城镇空间治理对绿色经济效率的影响路径和内在机理。

三是实证检验与分析，包括第四至第七章。首先，构建城镇空间治理强度和绿色经济效率的评价指标体系，并分析京津冀及周边城市城镇空间治理强度和绿色经济效率，为后文的机制与效应分析提供依据和被解释变量。其次，对城镇空间治理影响绿色经济效率的直接作用路径进行实证检验及效应分析。再次，对城镇空间治理影响绿色经济效率的中介传导路径进行实证检验及效应分析。最后，分析跨界城镇空间协同治理与区域绿色经济效率的影响机制与效应。

四是研究结论与对策建议，包括第八章。根据理论研究和实证检验结果得出结论，提出以城镇空间治理助力区域绿色发展的可行路径。

1.5 创新与不足

1.5.1 创新之处

一是尝试构建中国特色空间治理体系对经济绿色转型的作用机制。中国已步入生态文明建设阶段，经济绿色转型既需要市场机制，又需要政府规制和民众参治。本书立足生态文明建设视角，尝试构建中国特色空间治理体系促进经济绿色转型的理论分析框架，并阐释中国特色空间治理体系支撑城市经济绿色转型的作用机理，明确政府与市场的行为边界，具有一定的理论新意。

二是阐释和分析生态文明视域下城镇空间治理的内涵与逻辑关系。从治理主体、治理客体、治理手段、治理目标等方面阐释城镇空间治理的内涵并研究其逻辑关系，进而构建基于资源利用管控、生态功能修复和环境污染规制的城镇空间治理强度评价指标体系，具有一定的理论创新价值。

三是从直接作用、中介传导、协同关联3条路径梳理生态文明视域下城镇空间治理对绿色经济效率的作用机制，规避了以往单纯考虑"土地绿色利用效率""绿色生态空间""环境规制""绿色经济效率"的片面性，理论更加完善，模型的误差更小。

四是将空间中介效应模型和SNA-QAP运用于城市经济问题研究，从治理网络视角研究网络关联结构对区域绿色经济效率的影响机制，方法新颖且具有科学性，这也从空间关联结构视角为探索区域协同治理提供了新的思路和可行方案。

1.5.2 研究不足

一是实证研究对象选取京津冀及周边城市，无法获得"水质状况""排污权交易"等治理行动方面的数据，只能借鉴前人的研究思路，用治理效果反映治理强度，导致缺乏对治理行为的测度及一些内生性问题。

二是由于近年来《中国城市统计年鉴》中环境治理投资、固定资产投资等指标的公布形式有所调整，本书构建的评价指标体系已根据数据可得性选取最合适的指标。并且，国土空间治理是 2019 年《意见》出台后才开始逐渐被系统研究的新概念，相关研究仍较为前沿，未来若公布更为合适的指标，将进一步更新评价指标体系并进行验证。

三是由于企业层面的要素使用和跨行政区转移数据不易获得，本书未能从人力资本、技术等要素跨界流动视角进行分析，这也是笔者下一步的研究方向。

第2章 理论梳理与文献综述

城镇空间治理是较为前沿的概念，绿色经济效率是反映经济绿色发展水平的重要标尺。为探究两者的影响机制与作用关系，有必要对相关理论及内涵的演变历程进行系统梳理，为厘清生态文明视域下城镇空间治理的概念、内涵及维度提供理论基础，为后文的假设提出和实证检验提供理论支撑。

2.1 城镇空间治理相关研究

城镇空间是以城市居民生产生活为主要功能的空间单元，城镇空间治理与国土空间治理既有一致性，也有差异性。一致性体现为城镇空间与国土空间的要素基本相同，在治理手段的实施客体方面具有相通性。差异性体现为城镇空间治理更强调优化城市生产生活的主体功能，制定更有针对性的治理措施。因此，本书通过"一般—特殊"的思路，从空间治理基础研究进行梳理，进而聚焦城镇空间治理内涵、方式的相关研究。

2.1.1 城镇空间治理的理论基础

2.1.1.1 空间治理及其理论来源

空间治理来源于美国的城市政体理论，在西方实践中侧重探讨公共与私人领域之间的关系[42]。该理论以政体的结构及特征为基础，通过分析其形成原因、类型及影响力，探究如何在不同发展时期或制度环境下维持政体的相对稳定性[43]。政府对公共资源拥有行政配置权力（包括行政干预等），市场主体（企业家、商业机构等）拥有重要的经济资源，单靠政府易导致经济碎片化。伴随资本主义制度的固化，政府公共权力与民众私人权利在空间生产中的矛盾逐步激化，单靠政府的单一力量已无法有效达到治理目标，因此治理理论往往强调多元主体的共同参与。但针对不同类型的空间冲突，哪种治理结构更为有效、如何形成合理有序的治理主体关联结构仍是重要问题，因此城市政体理论关注的重点是地方政府、市场与民众形成了怎样的治理结构，在不同类型的空间冲突及博弈中，又形成了哪些类型的制衡机制[44]，这也为空间治理提供了研究基础。

2.1.1.2 空间治理主体结构的演进研究

"政府—企业—社会"三元主体是城市政体理论的基本结构，也适用于空间治理模式的研究[45]。而按照主体发挥作用程度的差异，可以将空间治理主体结构分为以下三种类型。

一是政府主导型。早期的治理理论聚焦政府怎样运用权力干预经济运行[46]。政府主导型空间治理主体结构的特征是政府权威、政府收益、政府经营，其权力配置结构既包括"中央—地方"的垂直式治理结构，如中央与地方的分税制、事权制等纵向权力配置的制度设计[47-48]，又包括"地方—地方"的水平式治理结构，如在涉及城市群、流域生态、跨界协同治理等的问题上，需要地方政府间财权分配的制度设计和利益博弈的机制设计[49-51]。但政府作为唯一主体难以应对日益复杂的空间冲突，容易导致公共资源资产配置的失灵[52]。

二是企业参治型。伴随20世纪70年代西方国家经济"滞胀"的出现，古典自由主义反对政府过度干预，形成了"政府失灵"理论，催生了"企业家政府""市场导向公共行政"等新的治理理念[53]，强调发挥市场主体作用，认为政府应由"全能政府"和"无限政府"向"小政府"和"有限政府"转变。虽然这种治理结构在不同国家和地区的应用程度差异较大，但实质上改变了政府在空间治理过程中的适应性行为，与企业建立伙伴关系，发挥市场对公共资源的配置作用[54]。

三是多元主体共治型。随着经济全球化的深入，贸易争端、全球气候变暖等问题的解决越来越需要国际组织发挥中介作用，而邻里冲突、社区治理等微观空间的问题往往具有特殊性，依靠政府和市场主体难以解决实际问题。大数据、区块链等新一代数字技术为社会主体广泛参与治理提供了技术条件。因此，非政府组织和公众参与治理往往能够更加有效地反映实际诉求，从而更加精准地解决空间冲突[55]。但从国内的现实看，社会参治仍处于起步阶段，主要是发挥监督作用[56]，特别是对于生态环境等公共性空间治理问题，仍需要政府发挥主导作用、企业发挥主体作用①。

基于三元主体在空间利用中形成的博弈均衡理念，学界将空间治理的概念界定为：政府、市场与公众等多元主体对所在空间单元的资源进行利用、收益、分配、规制与优化配置，达到结构优化、效率提升与可持续发展等空间正义目标的治理过程[57-59]。政府、市场、公众以及第三方社会组织通过利益博弈实现空间资源优化配置，这个过程一方面实现了多元权利主体的利益均衡，构建起公共利益、府际利益和私人利益间的协调机制；另一方面实现了对政治、经济、社会、生态、文化、生活、技术等的综合统筹，并最终达到空间正义的治理目标[60-61]。

2.1.2 城镇空间治理的动力来源

空间无序利用是出现各类空间冲突的根本原因。空间兼具自然属性和社会属性，人类在对空间进行利用与改造的过程中强化了空间的社会属性，不断替代空间的自然属性，从而引发以下四个方面的空间冲突。

一是空间资源异质性加速空间利用失衡格局的形成。基于区域资源禀赋的异质性，生产要素向资源富集、运输成本低、要素回报率高的特定空间加速集聚，特别是两次工业革命为资本密集型产业带来重大机遇，工业化驱动资本和劳动力大量涌入城市，城镇地区成为资本集聚与扩张的空间载体，现代城市和城市群成为增长极，加速形成空间上的非均衡格局。从城市群层面看，城乡收入差距扩大、生态安全格局失衡等问题日趋严重[62]。从城市内部层面看，收入差异、通勤成本等因素导致空间资源错配，造成城市内部职住分离、局域性贫困区、内城衰落等城市问题[63]。

---

① 资料来源：党的十九大报告，2017 年 10 月。

二是空间资源稀缺性加剧城镇空间无序扩张。随着反对政府干预的新自由主义思潮的崛起，生产要素更多地向城市涌入，城镇不断向外扩张并占用大量生态用地和耕地。这种要素超载式集聚势必造成城镇空间"摊大饼"式的无序扩张。如果不进行外部干预，城镇边界的无序蔓延将进一步破坏城市空间的自然属性，削弱土地利用结构的协调性，最终必将导致人居环境的恶化。

三是空间资源资本化造成城市内部的空间结构失衡。20世纪以来，"都市革命"广泛兴起，资本集中投向具有较长投资周期的人造环境领域，在资本循环过程中出现了大量新建建筑闲置、可用建筑不断重建翻新、居住空间郊区化、工作场所和生活场所分离、休闲空间商业化等现象[64]。正如 David[65] 提出的，"资本主义城市的建设及城市化是资本集聚与再利用的过程，是资本家将工业资本在工厂、住宅、铁路、科学研究、卫生医疗等各种人造环境中由初级循环向次级、第三级循环转化的过程"。城市不再是以人为本的载体，而成为服务资本主义生产、流通、交换和消费与维持统治的权力场所，城市空间组织与形态的演变成为资本积累与循环生产的结果。这种空间资源的资本化导致人的社会空间逐渐被吞没，享受自由空间的权利逐渐被剥夺，"人地矛盾"进一步加剧。

四是空间功能有限性和外溢性引发区域性"大城市病"。城市是人类活动与自然条件相互影响最为复杂的空间。一方面，人口和产业的膨胀引发了公共空间私有化、交通拥堵、生态破坏、环境污染等"大城市病"，人们通过扩边界、设新城的方式重构自然地理空间，城市危机成为全球性问题[66]，城市也成为各类空间单元转换最为频繁、风险最为突出的地区。另一方面，空间容纳能力具有外溢性，在城镇化改造地理空间的过程中，城市间的要素流动和产业转移日益频繁，雷同的城镇化模式为周边空间带来相同的影响，而空间的连通性也使污染物在空间廊道中流动。

综上，空间治理是重塑空间秩序、消除城市危机的必然途径。Lefebvre[12] 从"总体性"的视角用"概念三元组"解析空间：空间实践（spatial practice）、空间的表征（representations of space）和表征的空间（spaces of representation）。第一，"空间实践"是指"物质的空间"，如以国土空间形式存在的城市街道、建筑、绿地等，以生态资源形式存在的水、湿地、森林等，以环境形式存在的大气等。空间实践具有物质指向性，既包括实体环境，也包括经济运行和社会生活的"资源、建设过程和网络"。第二，"空间的表征"是指概念化或规划建构的空间，是科学家、城市规划师通过理性设计生成的抽象空间，是生产关系的集中表现，充斥着意识形态、权力和知识，在一定程度上主导了空间功能的走向。第三，"表征的空间"是指与人类生活、社会关系相关的空间，人类经验（记忆和情感）形成了表征的空间，反映了"社会准则、价值观和经验"。Lefebvre 将空间理论聚焦城市空间，呼吁重塑"城市权利"，使城市空间不再受资本力量的限制，成为反映公民权利的载体。在此基础上，戴维·哈维提出，空间生产催生了城市空间、全球化空间和自然环境空间的非正义。发达国家通过实施各种调控政策、公共治理行动进行危机的空间转移，将污染、破坏转移至发展中国家[67]。因此，截维·哈维将研究视角从"城市危机"时代的城市空间延伸到生态环境空间和全球化空间，揭示了资本主义生产方式下空间非正义的永恒存在性，并倡导通过生态治理、环境正义运动及公正的全球分配体系实现空间正义和环境正义[68]。

2.1.3　城镇空间治理内容及方式

从前面的分析可以看出，空间治理本质是以多元利益主体合作解除各类城市危机的过程，即治理的目标实际上是解决城镇空间无序利用导致的人地矛盾问题。但由于空间冲突类型、行政区划分割、多元主体利益博弈等现实问题，城镇空间治理的内容与手段可以有多种划分。

在西方学者的研究中，城镇空间治理偏好某一类实体或虚拟空间，如实体空间中的城市智慧空间[69]、虚拟的网络空间[70] 等，治理方式采用空间规划[71]、风险防控[72]、空间政策[73] 等。而结合空间的内涵，还可以基于空间尺度或类型进行划分，如区域层面、城市层面、主体功能层面的治理类型。区域治理（regional governance）成为政府与非政府的行动者通过建立区际协调机制解决跨越地区或行政区划的边界公共问题、实现公共利益的有效路径[74]；城市治理（urban governance）是通过确定城市的统治权，发挥统治者与民主制度的双重作用，进而构建起整合城市中各类生产要素的机制，共促城市可持续发展的治理模式[75-76]。而在主体功能视角下，空间治理可以是从"三生"空间视角构建集约高效、宜居适度、生态安全的空间开发新格局[77]，也可以是对农业、生态、城镇等不同功能空间进行边界划定、用途管制、集约利用，并制定生态修复与环境保护等规制性政策[78-79]。具体方式包括构建国土规划体系、制定土地制度[80]、强化自然资源产权管理、加强国土空间用途管制、制定差异化绩效考核制度[81]。此外，王喆、唐婧婧[82]提出针对生态破坏、环境污染等问题，跨域政府、市场与公众的协同治理是有效解决路径。综上，城镇空间治理方式是多维的，其目标是保障生态安全和绿色发展。

2.1.4 研究进展及中国的适用性

随着空间治理理念引入国内，自党的十八届三中全会提出"推进国家治理体系和治理能力现代化"以来，学界对"空间治理"的关注度不断提高。随着"生态文明建设"纳入"五位一体"总体布局，如何通过空间治理来保障生态功能，实现城市空间绿色、可持续利用已成为研究热点。为更好地了解城镇空间治理的研究进展，深入对比国土空间治理与城镇空间治理内涵、研究重点的异同，本书利用《科学计量学》[83]中的引文分析法和知识图谱法，通过梳理文献关键词的时序确定知识基础和研究脉络。运用 CiteSpace 5.8① 软件对城镇空间治理和国土空间治理的共现主题词、趋势进行可视化分析。具体研究方法为：分别以"国土空间治理""城镇空间治理"为主题词，以"主题＝国土空间治理"和"主题＝城镇空间治理"为条件进行高级检索；同时，为保证文章的信效度和权威性，在中国知网（CNKI）中筛选出"核心期刊""CSSCI""CSCD"数据库为数据来源并进行主题词调整合并。剔除不相关的文献后，最终分别精选出 76 篇、55 篇相关文献。文献分析时间跨度为 2000~2020 年，涉及时间分区的设置为 Slice Length＝1，阈值选择采用（c，cc，ccv）方式（c 为被引频次，cc 为共被引频次，ccv 为共被引系数），其他为默认设置，检索时间为 2021 年 9 月 7 日。

---

① CiteSpace 软件是由 Drexel University 的陈超美教授研发，综合文献计量、数据挖掘、寻径网络等算法对文献进行多元分析的软件，其分析结果兼具序列特征和可视化特征，能够较好地分析某领域研究的理论基础、研究热点、前沿趋势、学者与机构合作情况等。

　　国土空间治理与生态文明建设密切相关，是实现经济高质量发展的重要手段。与国土空间治理共现的相关概念涉及多个学科领域，如规划领域中的国土空间规划[84]、"十四五"规划[85]、"三线一单"[86] 等；土地管理领域的国土空间用途管制[87]、自然生态空间[88]、城镇空间[89] 等；公共管理领域的治理体系[90] 等；区域经济领域的绿色发展、协调发展、高质量发展[91] 等。根据主题词时区演进分析，学界关于国土空间治理的研究往往伴随国家政策的出台而不断聚焦新的重点。"八五"时期，区域协调发展已经纳入国家经济社会发展规划，随着国家对国土空间利用的重视，学界逐渐开始研究国土空间利用与区域协调发展的关系。2015 年，《生态文明体制改革总体方案》印发，提出以国土空间用途管制保障耕地和生态空间，治理生态破坏、环境污染等问题[92]，学界初步形成以生态文明建设为导向的国土空间治理研究主线，进而从治理视角研究区域绿色发展的实现机制与路径。而随着 2019 年《意见》的出台，分类实施的管控措施逐步明确，国土空间规划体系不断完善，学界开始系统研究国土空间治理体系的内涵、具体构建方式及高质量发展目标的实现手段等，且更加关注城镇空间治理问题。

　　城镇空间治理与国土空间治理关联的主题词相近且具有相似的目标导向。城镇空间治理的本质是在削弱城镇化带来的负外部性的同时实现空间再生产。自 20 世纪 90 年代空间治理理论进入中国，学者开始大量研究中国城市的治理问题，并分析多元主体治理结构在城市治理中的适用性[93]，且更加侧重城市内部共享街区空间[94]、城市公共空间[95]、国家级新区[96]、历史文化街区[97]、社区[98] 等微空间节点治理，同时涉及城乡关系[99] 等问题。而在生态文明建设背景下，城镇空间治理更加聚焦绿色发展，主题词与生态文明、国土空间治理、国土空间规划、空间重构、公共治理、环境治理、生态环境、城镇绿地空间的共现频次明显增加，具体的治理内容则涉及城镇开发边界、空间政策、国土空间用途管制、自然资源、绿色发展。从时间维度分析，城镇空间治理的主题词出现频次总体较少，以往的研究以城市治理为主或按照具体治理领域出现，随着时间变化，"协同治理""网络化协同治理"等在一定程度上反映治理方式的主题词不断出现，而近年来随着新发展理念的提出，区域协调发展、绿色经济等与城镇空间治理的关联研究频次有所增加。

改革开放以来，国家和地方政府通过实施区域协调发展等战略，调整空间结构和功能布局，实现创新、协调、绿色、开放、共享发展，这既是坚持"以人为本"发展理念、以空间治理消除城市危机的重要手段，也是提升国家治理能力的重要方式。生态文明建设将空间治理作为加快形成绿色生产与生活方式的重要举措，强调构建区域绿色、协调发展新格局。

生态文明视域下的城镇空间治理是统筹时间长期性、空间连通性和领域多维性的综合系统。从国内的治理实践看，早期的空间治理一般强调以行政边界作为生产要素活动范围，进而依靠权力对特定空间内部的经济生产与社会关系进行管制。特别是随着城镇化的发展，以城市为权力边界的"空间使役系统"得到强化，城市空间治理驱动人与自然的关系由要素范式向系统范式转变[100]。城镇化与人口调控、生态修复与环境整治、城市更新与公共空间供给、城乡协调与国土空间用途管制等一系列治理行为驱动着生产要素在城市的集聚与流动，也有效促进了城市生产效率的提升与空间结构的优化。因此，从空间治理的历史演进来看，空间治理的表述是新的，但相关的行动早就存在[101]。以往在环境、土地利用等单一领域的治理行动仅在短期和相对独立的空间发挥成效，而从长期和开放空间的视角来看，其效果往往不尽如人意。伴随经济社会的快速发展和城镇化水平的提高，各类生产要素与城镇空间构成了相互交织、密不可分的网络系统，现实问题的复杂性倒逼经济发展模式转变，呼吁从多领域协同施策，构建城市空间多维治理体系，提升城市空间治理能力。在顶层设计方面，2018年国务院的机构改革将政府部门的职责重新调整，组建自然资源部，统筹负责主体功能区规划编制、城乡规划管理及山水林田湖草等各类自然资源的确权；组建生态环境部，统筹负责生态恢复、环境污染减排、气候变化等。在实际行动方面，2019年颁布的《意见》明确提出要统筹发展改革、财政、自然资源、生态环境、住建、农业农村等多个部门，形成水平方向的多部门协同分工的治理结构；同时提出要实现"多规合一"，形成垂直方向的"中央—省—市—县—乡镇"五级规划管理体制，统筹主体功能区、土地利用、生态环境等空间规划，融合为统一的国土空间规划。综上，城镇空间治理行动不能按照以往的单一职责权属独立施策，而应该推动生态、环境、资源等多个领域协同施策，以实现治理目标。

2.2 绿色经济效率相关研究

2.2.1 绿色发展的内涵及特征

绿色发展的研究最早可以追溯到《寂静的春天》《增长的极限》《最后的资源》等对生态危机的警示。从国际研究成果看，绿色发展最早是指"绿色经济"，是以市场为导向、以经济与环境协调发展为目标的新型经济形态[34]。2008 年全球金融危机后，绿色发展得到国际社会的普遍关注，且更侧重于发展绿色清洁产业，实现经济增长与环境友好的双赢[102]。从国内看，绿色发展最早同样被界定为绿色经济，即经济发展与生态文明的统一[103]。诸大建[104] 提出经济增长要考虑自然资源供给能力、生态系统降解能力、生态服务价值等自然资本的生态门槛。李佐军、盛三化[105] 提出资源集约利用、生态修复与环境污染治理是支撑绿色城镇化、实现生态文明的重要方式。王玲玲、张艳国[106] 认为绿色发展要实现经济增长与水资源消耗、化石能源消耗、污染物排放的全面脱钩。石敏俊、刘艳艳[107] 认为绿色发展的核心是强调经济发展与环境保护、资源可持续利用的统一与协调。胡鞍钢、周绍杰[108] 认为绿色发展是通过减少资源消耗、加强环境保护和生态治理，实现经济、社会、生态全面协调可持续发展。综合来看，绿色发展是统筹资源环境约束与经济增长的可持续发展模式，其具体内涵包括以下三个方面。一是绿色发展是资源集约利用的经济增长模式。资源本身就是经济增长的物质来源，但只注重资源投入数量的经济增长是粗放式增长，绿色发展注重多种资源组合的集约可持续利用。二是绿色发展是对环境破坏少的经济增长模式。传统的经济增长模式是"先污染后治理"，绿色发展以环境保护为重要原则，将环境成本内化于经济增长。三是绿色发展是经济又好又快发展的经济增长模式。以绿色环保、低碳经济等新业态为新的经济增长点，同时以技术创新升级传统产业，在经济增长的同时实现环境保护和高质量发展。

经济粗放式增长向绿色发展转变需要政府干预和市场机制的双重作用。借用库兹涅茨曲线的研究思路，美国经济学家 Grossman 和 Krueger[109] 首次提出环境质量与人均收入间存在倒"U"形特征，继而提出了环境库兹涅茨曲线（Environmental Kuznets Curve，EKC）假说。Andreoni、Levinson、Marzio、周翼[110~112]等运用多国数据验证了EKC的存在，且证实了不同国家或地区的EKC随污染物类型的差异可能呈"N"形、"直线"形等。而学界认为EKC呈现拐点及倒"U"形的原因涉及环境规制或政府管制[113~114]、技术进步[115~116]、贸易开放水平[117]、产业升级[118~119]和收入差距[120]等。EKC的演化特征与区域经济发展阶段密切相关[121]。工业化初期，大量资源和要素从农业部门向工业部门转移，经济增长带来污染排放量的上升。工业化中期和后期，人均收入的提高带动消费、环境需求升级，政府部门对污染规制程度的提高倒逼工业部门内部结构升级和技术创新，产业结构经历从"资本密集型""能源密集型"向"知识和技术密集型"的转变，此时绿色产业部门要素回报率更高，也会吸引劳动力和资本的集聚。经济增长带来的结构效应、规模效应及技术效应推动环境污染经历了先增加再减少的过程。因此，在拐点之后，政府与市场的相互作用驱动技术密集型产业规模不断扩大，经济与资源、环境逐步实现绿色协调发展（见图2-1）。

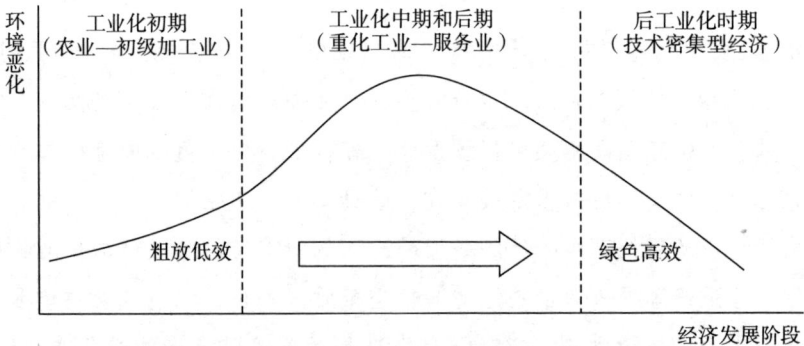

图 2-1　经济发展阶段与环境质量的关系

资料来源：参考陆旸（2012）观点修改绘制，详见参考文献［121］。

2.2.2　绿色经济效率评价方法

国外学者的研究主要集中于能源利用效率和环境污染方面[122]，并探讨了环境政策、资源利用方式、技术创新等因素对绿色发展的影响，开展了绿色增长评价[123]。从研究视角看，学者主要从绿色社会、绿色 GDP、绿色经济效率、绿色产业、绿色制造、绿色城市、绿色空间等方面研究经济社会的绿色发展。在理论和发展路径探讨的基础上，对绿色经济发展水平测度的研究也日益深入，目前主要采用三种方式。一是研究绿色国民经济核算，通过对能源、林地、草地、森林和矿产等自然资源进行价值核算，构建绿色国民经济核算体系，重点试编"全国自然资源实物表"[124]。运用资源环境压力值，尝试用资源（环境）的弹性脱钩值衡量经济发展与资源（环境）的脱钩状态[125]。二是通过指数法多角度、广覆盖地构建多套评价指标体系，对特定区域的绿色发展水平进行综合评估。如李晓西等[126] 提出的"人类绿色发展指数"、2006 年中国科学院提出的资源环境综合绩效指数（KEPI）等。三是采用效率法进行实证研究。学者普遍选取就业人口、全社会固定资产投资、能耗量等作为投入指标，选取 GDP、"三废"作为产出指标，运用 DEA 对研究空间范围的绿色经济效率及其演变特征进行测度与分析[38、127]，进而研究经济集聚[128]、高技术产业集聚[129]、绿色全要素用水效率[130] 等对绿色经济效率的影响机制及空间溢出效应。

2.2.3　绿色经济效率影响因素

绿色经济效率的研究可以从全国、城市群、省级、地市级等维度展开。如赵金凯、杨万平[131] 对 2016 年中国 30 个省份的绿色发展效率进行测度；黄跃、李琳[132] 采用投影寻踪模型对中国城市群绿色发展水平进行综合测度及时空演化分析；涂正革、王秋皓[133] 采用门限回归方法对中国工业绿色发展水平和动力进行分析。综合学者研究观点，经济增长、产业结构、对外开放水平、科技水平、教育投入等往往成为影响绿色经济效率的因素[134~137]。随着城镇化进程的加快，近年来众多学者意识到，探寻经济发展与生态系统协调发展是缓解环境污染、资源过度消耗等"大城市病"的必经之路。而实现绿色发展一方面要依靠产业转型，另一方面要依靠治理手段调整要素和人口集聚模式，实现资源在空间配置的均衡[138~139]，加快经济绿色转型、实现经济绿色发展是缓解当前经济发展与人口资源环境矛盾的必然选择[140]。

2.3 城镇空间治理与绿色经济效率的相关研究

空间治理是多元治理主体通过资源组合与配置实现空间的有效、公平、协调和可持续利用的过程，同时形成了一种以空间为平台进行利益博弈的治理结构。以绿色发展为导向和目标的空间治理，其主体结构、相互作用机制、内在动力、治理过程具有显著的特征与研究价值。

2.3.1 政企关系视角

在绿色发展导向的空间规制与企业转型决策行为方面，焦嶕、赵国浩[141]以煤炭类企业为例，构建外部因素评价（EFE）和内部因素评价（IFE）矩阵，研究煤炭企业在面对绿色发展时的理性决策，即产能结构优化决策。罗谦等[142]分析了非集中决策系统中政府与企业对空间治理的决策行为，讨论政府能否通过适当的约束来促使企业转型。Dmitry 等[143]研究了环境税压力下企业的战略决策问题，且模拟出不同环境税等级下企业的成本决策依据。熊鹰[144]采用演化博弈和图解法分析了政府、公众双重监管下企业的决策行为，发现若政府管制力度不断加大，企业绿色转型的概率将持续提高。何华等[145]分析了碳交易政策下排碳企业的最优定价策略，并提出面对政府管制压力，企业必然选择绿色技术创新以规避行政惩罚。曹霞、张路蓬[146]通过构建政府、企业与公众的三方演化博弈模型，分析了规制行为对企业绿色技术创新的影响，并提出建立绿色创新共同体。许士春等[147]探讨了排污税、拍卖的排污许可交易对企业绿色技术创新的影响。综上可以看出，在治理维度下，政府和企业始终存在治理与参治的关系，治理标准或强度的提高会强化企业绿色转型的决策行为。

2.3.2 资源约束视角

土地是城镇空间的基础要素，土地利用的规模和方式影响经济增长，土地利用效率引起了国内外学界的高度关注。学界主要从土地资源错配、利用结构等视角研究支撑绿色经济发展的机制与效应。Hongbin 等[148]指出土地要素配置扭曲造成经济、社会与环境的失衡。事实上，土地要素配置扭曲容易导致经济粗放式增长[149] 和经济效率损失[150]。李力行等[151] 通过对行业进行分类，提出制造业等严重依赖土地的行业更易受到资源错配的负面影响。同时，土地资源错配还会阻碍产业结构高级化进程[152]。卢建新等[153] 认为工业用地出让通过改变地价导致土地供应结构和配置效率的变化，长期来看会影响产业结构，不利于经济和生态环境的可持续发展。土地要素供应是经济发展的基础环节，但不考虑准入标准的供给方式容易形成降低引资质量的底线竞争行为，大量低质量、工艺落后、装备高耗能、夕阳产业等项目入驻，形成低端制造业的高度集聚，最终导致土地资源在产业和地区间的错配[154]。土地资源配置加快了中国工业化进程，但土地资源错配容易导致第二产业特别是低端制造业规模扩大，加剧生态环境污染，进而抑制绿色经济效率的提升。

从资源约束视角看，提高资源利用率是提升绿色经济效率的有效方式。以往的治理方式侧重于提高资源投入使用的效率，如提高煤、石油、水等资源的单位利用水平。这种方式依赖企业技术研发，属于资源利用过程的中间环节治理方式[155]。而生态文明建设要求全面提升资源利用效率，在资源高效利用的基础上强调循环经济和替代资源，加强源头管理和调控，强化过程节约和增效，补齐末端循环利用短板[156]。循环经济同样依托复杂的技术研发，必然立足城镇空间这一基本单元。将资源用于产品生产，进而将废料转化为再生资源重新投入生产，这个过程不仅促进了资源的集约节约利用，而且减少了废弃物排放，是驱动绿色经济发展、实现生态文明的重要环节[157]。因此，完善循环经济政策体系不仅是构建城镇空间治理体系的重要环节[158]，而且是提升绿色经济效率的有效途径[159]。

2.3.3　生态改善视角

生态系统破坏是城镇化负外部性的结果，形成主体功能相互协调的格局是保障国土空间绿色优化开发的主线。国土空间开发格局是市场机制的作用结果，大规模城镇化导致生态脆弱区生态产品供给能力下降。优化国土空间开发格局要发挥政府弥补市场"失灵"、以制度政策提供公共物品的作用[160]。对于生态这一公共物品而言，政府在参与治理的过程中应始终居于主导地位。政府参与空间治理的手段包括出台土地利用政策[161]、制定生态政策与法规[162~163]等。市场主体与公众应居于参治地位。黄栋、匡立余[164]尝试构建包括政府、环保公益组织、企业、公众的多主体生态共治模式。而实现生态保护与经济发展协调并行，需要实施必要的生态修复规划，纳入产业结构、资本流向、人口分布等因素，在有序利用绿色生态空间资源的同时提高与经济要素的匹配度，实现空间的绿色均衡利用[165]，更要在生态脆弱区以财税、跨界生态补偿、利益分配、押金制度和碳交易等多种机制，探索构建生态治理共同体，完善生态产品价值实现机制，保障生态产品有序供应、生态系统价值修复，促进生态优势向经济优势转变，实现生态跨界共治与经济绿色发展[166]。

2.3.4 环境规制视角

国外对环境规制的研究重点聚焦环境规制与企业行为的微观机制验证，热点趋向碳减排、能源效率等细分领域的环境规制成效。Stefan、Jessica[167]从理论内涵、外延扩展、实证检验和政策设计等方面详细梳理了波特假说（Porter hypothesis）的起源，并对波特假说中的"弱""强""狭义"3条假设关系的研究进展进行梳理，为环境规制、技术创新与企业竞争力研究提供了较好的理论基础。Paul等[168]构建了环境政策、研发、环境绩效和商业绩效的假设因果链，以7个经济合作与发展组织国家的数据对波特假说的3条假设关系进行检验。Yana等[169]利用欧洲的数据，验证了波特假说中的"弱"和"强"两条假设关系，认为适当的环境规制有利于促进企业实施创新行为，而对企业竞争力的提升作用不显著。以上3篇文献的被引频次较高，且均是对波特假说的理论研究与实证检验，可被视为环境规制领域的基础文献。这也说明波特假说提出的环境规制、企业创新行为与环境绩效始终是相关领域的主要知识基础和主线之一。从时间维度看，20世纪90年代初期，外文文献侧重于分析环境规制对企业生产区位决策和经济增长的影响。如Mcconnell、Schwab[170]分析了环境规制对汽车制造企业的区位选择影响；Jorgenson、Wilcoxen[171]构建了长期经济增长模型，对比存在和不存在强制性污染治理投资情形下美国经济增长率的变化，模拟结果显示强制性污染治理投资拉低了长期资本存量，导致 1973~1985 年美国国民生产总值（GNP）增长率下降了 0.074 个百分点。随后的研究转向环境规制的具体措施与成效。如 Norman[172] 提出环境规制会催生新的环境技术，而这个过程中政府参与是必要的；Plaut[173] 提出各行业采用相应的环境管理体系已成为提升环境质量的有力保障；Vatn[174] 提出使用可交易的排放配额更有利于减少污染排放；Zofio、Prieto[175] 运用 DEA 分析了环境规制效率。自 2004 年以来，国外对环境规制与外国直接投资（FDI）关系的研究开始升温，中国样本也开始受到更多的关注。List 等[176] 发现环境规制标准对企业区位选择具有非对称性，外商的区位选择不受环境规制的影响。随后，学界从水源保护[177]、电力改革[178]、碳排放[179] 等多个方面研究环境规制的绩效；从地下水交易[180]、流域共治[181]、生态补偿[182]、企业家精神[183] 等方面研究环境规制的实现路径。近年来的研究趋向运用面板模型等计量方法，从能源消费、能源效率等视角分析环境规制与企业决策、能源利用效率的关系。如 Kim、Rhee[184] 通过分析 120 个发展中国家 2000~2014 年的 FDI 发现，严格的环境规制会吸引 FDI。Bigerna 等[185] 运用两阶段 DEA 对 2006~2014 年 19 个欧盟国家电力部门的全要素生产率进行测算与效率分析，同时分析了电力部门生产效率与环境规制和市场监管严格程度的关系。

国内环境规制研究趋向以空间计量方法为技术手段，探讨环境规制与区域绿色转型绩效的作用机制与效应。在 2000 年以前，学界对环境规制的研究主要涉及运用环境税解决中国环境问题、从国外引入环境规制的概念等。早期研究发现环境问题主要源自经济活动的负外部性，需要政府以行政手段进行规制。早期的学者主要侧重以征收环境税（思想渊源为《福利经济学》①中的庇古税）作为政府环境规制的主要手段[186]。张荐华[187] 提出经济活动中资源浪费、环境污染、生态破坏等负外部性行为需要政府以行政手段进行规制。汪涛、叶元煦[188] 较早地将环境规制的概念界定为"减少环境破坏或损失的政府行为，包括环境标准、排污税、治污补贴、颁发排污许可证等经济手段"。强永昌[189] 首次以环境规制为核心概念，研究环境规制与比较竞

---

① 〔英〕阿瑟·塞西尔·庇古：《福利经济学》，朱泱、张胜纪、吴良健译，商务印书馆，2020。

争优势的关系。随后，国内学者侧重于从国际贸易的视角分析环境规制对企业的成本效应，进而研究环境规制对产品出口和国际分工的影响[190]。自2001年加入世界贸易组织（WTO），中国参与国际贸易和分工的程度日益加深，学界开始研究 FDI 对环境规制的影响机制[191]、环境规制与企业创新行为的波特假说检验[192]、环境规制与污染企业转移的"污染避难所"假说检验[193]，研究重点由环境规制概念向政府行为与企业决策的博弈关系转变，并开始尝试定量测度环境约束下的全要素生产率[194]。自2010年以来，伴随效率测算、指数构建与随机前沿模型等技术手段的创新与应用，学界研究内容更侧重于量化分析与方法应用，如环境规制强度测算[195]、绿色全要素生产率测算[196]。近年来，学界侧重于用空间计量模型研究环境规制与绿色经济效率的关系，弥补了面板数据模型无法考虑环境污染空间相关性的不足，聚焦空间溢出视角下波特假说和"污染避难所"假说的再检验[197~198]，注重研究不同区域的环境规制政策、产业结构升级及绿色转型绩效的内在机制[199~200]，同时提高了对公众等多元主体参与治理的关注度[201]。而对于水、雾霾、土壤等细分领域的环境规制研究则由原先的行政合作转向地方政府跨界规制行为的演化博弈分析[202~203]。

综合国内外环境规制领域的文献可以发现，环境规制是政府对市场主体（企业）环境负外部性生产活动采用的规制手段。环境规制领域的研究始终遵循政府行为与企业生产行为决策博弈关系的主线。国外研究起步时间早于国内，且更聚焦各种细分资源领域（如水资源、生物资源等）的环境规制成效，特别是世界能源危机和气候变化危机仍在加剧，各国更加注重能源供应安全和高效利用，这也推动学界更加关注能源战略与工业绿色转型成效。而国内在环境规制领域的研究呈现追赶之势，特别是在空间计量模型等方法的支撑下，更加趋向对多元治理主体决策行为与地区绿色发展绩效的机制研究与定量分析，关于碳排放和能源效率问题的研究逐渐增多，但受数据可得性的限制，对细分资源领域的研究仍存在一定的挑战。

2.4　本章小结

通过上述国内外文献可见，绿色发展和空间治理两个独立领域的研究成果较为丰富，尤其是不同空间尺度下的影响因素与作用机制，绿色发展指标体系构建、发展水平评价，政府和企业参与治理对地区绿色发展的影响机制与成效，以构建政府、企业和公众参与空间治理的博弈模型来推导企业的绿色生产决策行为等。但现有研究成果仍有三个方面的局限性。

一是从空间协同治理视角推进绿色发展的系统研究相对较少。主要包括以下三个短板。第一，缺乏对空间统一性的认识。之前的研究往往只关注空间失衡在土地利用、生态破坏、大气污染等某一领域的单独表现，忽视了内在关联。第二，缺乏对空间失衡问题中政企关系的系统梳理。之前的研究往往关注政府制定政策与企业绿色发展决策的博弈过程，缺乏对空间失衡问题中政府与市场的分工及作用关系的系统分析。第三，忽视空间治理的相关性。地区（特别是经济发展水平较高的城市）的环境规制行为很容易对周边城市的空间利用产生影响，在这方面，沈坤荣等[204] 少数学者通过空间溢出效应验证了地区间污染源转移会影响邻近地区的环境质量，但对于邻近地区绿色经济效率的影响机制与成效的研究还相对匮乏。此外，绿色发展导向下的空间治理应该是一个时空连续的过程，特别是生态环境治理从本地转向跨区域共治的过程尤为关键。但很少有研究将这一过程在理论上进行探讨，这也是本书的研究重点。

二是从空间溢出视角分析城镇空间治理对绿色经济效率影响机制的研究相对较少。主流学者普遍认为空间治理的各项措施均会对绿色发展和绿色经济转型产生影响。但空间治理的综合措施体系是否能促进绿色经济效率提升？如果能，其作用路径与内在机制又是怎样的？学界的相关理论研究和实证检验相对较少。对于以上问题，采用中介变量模型进行研究较为恰当，但以往的研究相对较少。因此，本书在更为深入阐释理论的基础上，对两者的作用机制进行完整、系统的验证。

三是针对京津冀及周边地区在绿色发展导向下的空间治理研究相对匮乏。该区域是生态环境问题高发区，也是绿色发展导向下主体跨区域共治的重点区域。这个区域的绿色发展水平如何？用传统空间治理理念能否解决该区域的生态环境问题？本书拟尝试对以上问题进行深入研究。

第3章 城镇空间治理影响绿色经济效率的理论分析

伴随城镇化进程的加快，城镇空间成为边界无序蔓延、超载利用、功能失衡等负外部性问题的集中区域。构建城镇空间绿色、高效、协调发展新格局已成为支撑生态文明建设的关键所在。传统的治理行为往往只针对土地、环境等独立领域，割裂了空间的整体性，导致治理成效甚微。生态文明视域下的城镇空间治理要统筹资源、生态、环境等多个维度，通过制定系统的治理措施规制城镇空间的无序利用行为，倒逼要素配置效率、绿色经济效率和生态环境效益提升，即以提升城市绿色经济效率形成城镇空间优化开发新格局，最终实现城镇空间（自然属性）与城镇空间开发利用（社会属性）的协调发展。因此，本章聚焦城镇空间治理对绿色经济效率的作用机理。首先界定生态文明视域下城镇空间治理的内涵及逻辑关系，其次从理论上分析城镇空间治理对绿色经济效率的影响机制与作用路径，最后提出研究假设，为后文的实证分析提供理论依据。

3.1 生态文明视域下城镇空间治理的内涵及逻辑关系

3.1.1 城镇空间的基本属性

城镇空间内含于国土空间，具有与其相同的基本属性，且在社会关系和经济运行领域的承载功能更加突出。国土空间包括陆地、陆上水域、内河、领海、领空等空间分区，它们往往兼具自然物质、社会价值等多重特征。人类活动导致城镇空间自然属性与社会属性的失衡，引发不同类型的空间冲突。因此，科学界定城镇空间的基本属性是探寻空间失衡动力来源和确定空间治理手段的基本点。本书拟从自然、社会和空间关联3个层面对城镇空间的基本属性进行界定。

首先，城镇空间具有物质承载性，是资源、生态和环境等客体空间的综合。基于自然生态系统演化视角，土地、森林、草原、能源、河流、大气都是国土空间中客观存在的形式化物质实体，在自然力作用下演化为地球的自然生态系统。按照功能类型及生态文明建设相关政策文件精神①，城镇空间作为人类活动的客体可以分为"资源—生态—环境"三个层次。第一，资源是有形的生产资料，是为人类生产和生活提供能量和使用价值的物质基础，主要包括土地资源、化石能源等[204]。第二，生态是生物的生存状态，即生命个体之间及与外部生存条件之间形成相互作用关系的总和[205]。山水林田湖草等依附土地的生态单元既承担着涵养水源、降解污染物、改善局域气候、保护生物多样性等生态功能，又可以依据用地类型划分为建成区绿地、林地、水域等。区别于森林等具有较高生态效益的单元，城镇空间的生态效益主要体现在建成区绿地、公园、水域系统、公共设施场所等具有生态价值的公共用地上[206]。因此，适度扩张绿化建设用地对支撑区域绿色发展至关重要。第三，环境是为自然生态和人类提供生存演化、废物承载、美学价值的各种条件和外部因素的综合，如清洁空气、阳光等。

其次，城镇空间具有社会经济性，是价值转化和社会关系再生产的媒介。基于人类社会系统演化的视角，空间既是人类生存的载体和改造对象，又为形成复杂的社会关系提供媒介，这在城镇空间内体现得更为突出。一是城镇

---

① 在政策意见层面，《中共中央 国务院关于加快推进生态文明建设的意见》明确从资源集约利用、自然生态系统保护和环境污染防治等方面推进生态文明建设，并强调树立底线思维，设定并严守资源消耗上限、环境质量底线、生态保护红线。《"十三五"生态环境保护规划》《生态保护红线、环境质量底线、资源利用上线和环境准入负面清单编制技术指南（试行）》等政策文件均强调加强空间治理，推进生态文明建设。在理论研究方面，学者对资源、环境和生态的概念进行详细区分。具体可参考钟水映、简新华主编《人口、资源与环境经济学》，北京大学出版社，2017；王如松等：《城市生态服务》，气象出版社，2004。

空间资源的价值较高。城镇化推动大量耕地转化为城镇建设用地，利用能源提供动力；生态和环境等自然要素为人类提供了不可或缺的服务，但在人类活动中被不断破坏，自然要素的稀缺性逐渐显现。原本仅有自然属性的资源自转化为生产要素的那一刻起就被赋予了价值，形成了供求关系。而随着城镇化的推进，资源稀缺性导致城市地价、资源品价格不断上涨，这使生态和环境成为稀缺的资本，资本量的提升能够显著增进社会福祉。二是城镇空间生产形成复杂的社会关系网络。一方面，城镇化加速了土地、劳动力、能源的商品化进程，社会化生产关系更加依靠市场机制发挥作用，空间资源配置越来越逼近资本驱动，城镇空间的社会经济属性远远超过自然物质属性，城镇空间不断扩张并挤占生态空间，加剧"人—地"关系矛盾。另一方面，城镇空间的集约利用塑造了以楼宇为代表的城市景观，鳞次栉比的私人空间不断侵占城市公共空间，在破坏环境权、游憩权的同时，强化了城市居民的私人空间意识及居住权、隐私权等空间权利表达，使城市文明中缺乏社会信任，导致"人—人"关系疏远化[207]。面对空间公共资源配置的市场"失灵"问题，需要发挥政府的主导调控作用，恢复城镇空间的自然属性和公共属性，调整城镇空间自然性和社会性的关系。因此，在城镇空间生产过程中，自然地形成了以政府为主导、企业为主体、公众参与的多元治理社会关系再生产网络，这也是实现人类社会与自然生态协调发展、维护"自然生态—社会经济"系统稳定运行的调控准则。

最后，城镇空间具有联通延展性，是实体联通、流动溢出和行为延展的交织。Anselin、Griffith[208] 提出空间关联效应具有两种表现形式：一是空间相依性，即依靠空间地理位置和自然物质特征产生空间的关联；二是空间异质性，包括自然和人类活动产生可观测和不可观测的空间差异。土地、河流、大气等空间实体是内部联通的，由于人为因素对空间的划分，形成相应的行政边界，空间主体的行为存在边界效应，即主体对所在空间的影响更为明显。而由于主体活动在不同区位的转移、经济活动的正或负外部性，本地区的空间活动对周边地区具有溢出效应。特别是城镇空间内主体行为在不同行政边界间进行转移，不仅造成空间类型的转换与利用冲突，也造成主体行为在不同城市间的效应延展和社会化关系重塑。在这个过程中，空间多维性、交通可达性、通信便利性等都会提升主体空间行为交互影响的广度和深度。例如，流域水生态破坏、大气环境污染、资源品区际贸易等，都需要跨界多元主体协同参与治理。因此，城镇空间的利用是对原有的水文、生态、地貌、大气等自然空间的重塑与改造，当我们对空间进行塑造、修复和规制时，要考虑不同等级或领域的空间范围，统筹多元主体行为的边界效应和溢出效应，以统一的框架来约束主体对客体的改造行为，实现空间内部与不同领域和层级间的空间协调、绿色发展。

3.1.2 生态文明视域下城镇空间治理的内在逻辑

在生态文明建设背景下，由人与自然的相互耦合构成的生命共同体是驱动构建美丽新世界的核心。一是体现为自然系统为人类提供能量和自然服务。在自然系统中，大气圈、水圈、岩石圈、生物圈为人类活动提供物质、能量及调节服务，文化服务和支持服务，直接影响了人类生存和发展的福利。二是体现为人类活动反作用于自然系统。人类的经济、政治、社会、文化、生态等活动，对自然生态系统造成正或负外部性影响，对空间的开发与利用方式必将影响自然生态系统的完整性。因而，生态文明本质是实现自然系统和人类社会系统的和谐共生。但是人类活动已导致两大系统严重失衡，60%的生态系统服务处于退化或者不可持续利用状态①。这意味着经济学和公共政策分析必须充分认识生态系统服务的经济、物理和地缘稀缺性，高度重视生态系统服务的有效配置，优化人与自然之间的物质、能量、价值循环[209]。

城镇空间是人类活动的主要载体，要素过度集聚引发城镇空间利用的内外失衡。以往涉及城镇地区空间利用的治理手段往往是为了解决"大城市病"，主要依靠政府作用，以规划和行政手段调控空间内要素集聚的区位。这种模式或无法理清经济增长与绿色发展的协调关系，导致仍走上"先污染后治理"的老路；或采用遵循问题导向的行政手段，形成"亡羊补牢"的末端治理局面。立足生态文明建设，构建资源节约、环境友好、生态安全的社会，实现人与自然和谐共生是国民经济和社会发展的重任和目标[210]。国土

---

① 根据联合国于 2005 年发布的《千年生态系统评估报告》计算得出。

空间作为支撑生态文明建设的载体，其开发与利用更应坚持生态优先、绿色发展的基本理念。《意见》赋予城镇空间以系统化治理的新思路：对外通过限制城镇开发边界保障城镇、农业、生态空间的协调；对内统筹土地利用、生态环境、交通、能源、水利、公共服务、文化设施等涉及空间利用的专项规划，优化城镇空间内部结构，提升城镇空间利用效率，实现城镇空间高效、宜居、绿色发展。这就需要摒弃传统的"唯 GDP 论"，以综合、系统的治理体系打造国土空间特别是城镇空间绿色利用新格局，以系统治理、源头治理、协同治理的新理念构建生态文明视域下城镇空间治理的新逻辑，促进城镇空间经济绿色转型。

构建统筹"资源—生态—环境"3 个维度的生态文明视域下城镇空间治理体系是激活绿色经济发展新动能的主要抓手。生态文明建设主要聚焦资源高效利用、生态安全和环境改善 3 个方面，旨在通过优化国土空间开发布局、明确"三线一单"，倒逼经济发展方式转型，提高经济发展质量和效益。城镇空间是支撑生态文明建设的重要功能单元，按照空间物质性可细分为资源、生态和环境 3 个客体单元。传统的城镇空间治理往往仅关注客体单元的单一领域，这种治理思路削弱了空间的整体性，无法对城镇化带来的城镇空间功能失调、结构失配、超载利用、无序蔓延、格局失衡等负外部性进行系统规制，导致治理行为失效。生态文明视域下的城镇空间治理统筹资源、生态和环境 3 个维度，通过加强对客观物质性空间利用的规制管控，倒逼产业升级与经济高效增长，以绿色经济促进城镇空间（自然属性）与城镇空间开发利用（社会属性）的协调运转，最终达到缓和"人—地"关系矛盾、促进城镇空间绿色高质量发展的目标。按照空间治理的特征，本书将生态文明视域下城镇空间治理的构成及逻辑关系分为以下 4 个方面（见图 3-1）。

一是治理主体多元性。治理主体是以政府为主导、企业为主体、公众广泛参与的利益共同体，具体体现在特定空间的多元主体共治和跨区域协同治理两个层面。在特定空间中，受经济发展阶段、国家政体结构、主体权力边界、空间公共性等因素影响，各主体发挥作用的强度不同。首先，"政府—企业"是"主导—主体"的治理关系。工业化中期，企业在资本和利益驱动下扩大生产规模，引致要素在城镇空间高度集聚。城镇化带来城镇空间无序

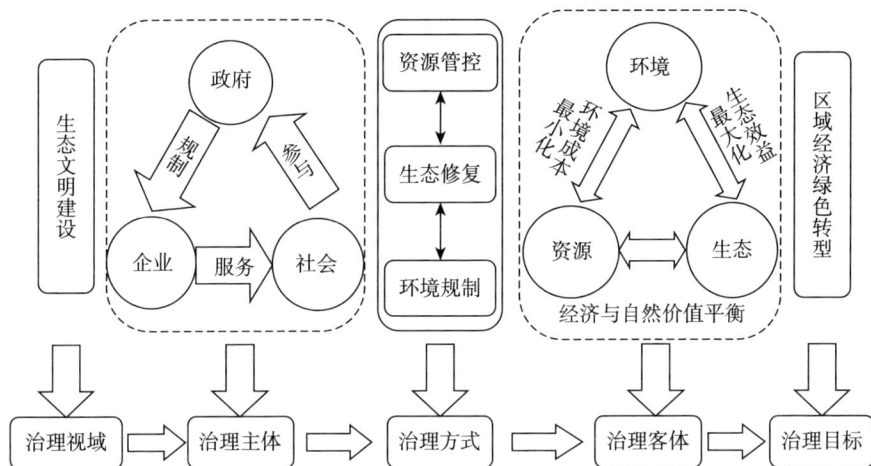

图 3-1　生态文明视域下城镇空间治理的构成及逻辑关系

资料来源：笔者自制。

扩张、人口膨胀、生态破坏、环境污染等负外部性影响，而地方政府的逐利性加重了城镇空间的"反公地悲剧"，导致城镇边界无序蔓延。工业化后期，全社会对高质量发展和生活的需求不断提升，更加重视解决城镇化引发的负外部性问题。这就需要政府在城镇空间治理中发挥主导调控作用，倒逼企业高效生产、集约生产、绿色生产。其次，"政府—公众"是最紧密的利益联合体。《中华人民共和国宪法》规定：国家的一切权力属于人民，政府是国家权力的执行机关。人民通过提案等方式发挥监督职能，政府决策反映人民的根本利益并包含其参政议政过程。最后，"企业—公众"是相互依托的关系。一方面，劳动力作为要素通过就业创造自身价值，同时监督企业的生产过程；另一方面，消费升级引领企业不断研发新工艺、供给新产品，承担绿色发展的社会责任。因此，生态文明视域下的城镇空间治理主体结构中，政府发挥统筹主导作用，企业在政策引导下向绿色发展转型，社会公众履行监督权力，只有三者循环互通才能提升治理效能。而根据空间联通延展性，一个地区的治理行为会对周边地区产生影响。在跨区域协同治理层面，既要发挥本区域内多元主体的协同参治作用，又要在跨区域协同治理问题上统筹"中央—地方""地方—地方"的竞合关系，构建跨区域多元主体联防联控联治机制，促进区域整体治理成效的快速显现。

二是治理客体多重性。立足生态文明建设视角，城镇空间的内部构成可以划分为资源、生态和环境，既可以依照特点将它们划分为独立的维度进行管控，也可以考虑三者间的关联进行统筹治理。单纯分析资源维度，聚焦对以土地资源和相关工业废物为主的城镇资源的节约利用、循环利用、有序利用、高效利用，目标是优化资源利用结构、提高资源利用效率；单纯分析生态维度，聚焦对以自然植被和人工植被为主要形态的城镇生态功能的保护与修复，目标是修复和扩大绿色生态空间，提升城镇空间生态产品供给水平及生态系统服务价值；单纯分析环境维度，聚焦对以污染物排放为主要危害的城镇工业污染防治，目标是提升城镇环境质量，营造宜居宜业的环境。而在绿色发展目标下，更应重视三者间的关联。首先，资源和生态呈现交互关系。资源利用应实现生态化，即强调资源的生态系统服务价值，过度利用资源要进行生态修复与补偿。其次，生态和环境呈现交互关系。加强对山水林田湖草等生态单元的保护与修复，有利于缓解城市热岛效应，提升城镇空间环境质量。最后，资源和环境呈现交互关系。对资源的无序利用会带来环境污染，应将环境负外部性纳入资源利用系统，优化资源利用方式。综上，城镇空间是一个多重维度叠加的客体系统，其治理本质上是统筹资源利用效益、生态效益、环境成本，实现绿色利用的过程。

三是治理方式集成性。生态文明视域下的城镇空间治理聚焦资源利用管控、生态功能修复、环境污染规制3个方面。根据治理客体的分类和生态文明建设重点，运用空间规划、空间政策、自然资源离任审计、差异化绩效考核等具体手段对资源、环境和生态3个维度进行综合治理，从而解决城镇空间无序扩张、结构失配、超载利用、格局失衡等问题，达到恢复客体空间的自然属性和生态效益的效果。具体而言，对于城镇空间无序扩张和结构失配问题，需要政府以规划手段划定"三区三线"，同时以"五级"详细规划因地制宜地调整城镇建设用地利用结构，优化功能空间布局，严格控制土地资源开发利用强度和格局，为区域发展指明方向；对于城镇空间超载利用问题，需要通过政府的行政手段，从资源利用管控、生态功能修复、环境污染规制等方面制定空间政策，对要素集聚、企业经营和居民生活产生的负外部性行为予以规制，倒逼企业绿色转型，培育公众的文明意识，从而解决空间超载利用问题，达到政策预期目标；对于城镇空间格局失衡问题，在明确生态环境承载力和市场配置资源的前提下，加入政府因素发挥调控作用，以自然资源离任审计、差异化绩效考核等方式保障资源、生态与环境合理利用，调整优化资源的空间配置，逐步消除行政审批壁垒，为要素的跨区域自由流动构建服务机制和信息平台，实现"要素链—产业链—价值链—供应链—政策链"在空间内的耦合统一，促进区域间绿色均衡发展。综上，生态文明视域下的城镇空间治理实质上是对"资源（主要指土地）、生态、环境"3 种空间的利用规制。

四是治理目标聚焦性。生态文明视域下的城镇空间治理目标是实现区域绿色转型。生态文明视域下的城镇空间治理聚焦经济发展与生态环境保护的协调统一，是以治理手段推动区域高质量发展的重要途径。第一，城镇空间治理有利于促进资源集约利用。以划定城镇开发边界的方式限制空间扩张，倒逼地方政府优化城镇空间内部结构，调整功能布局，同时激活土地资源、能源的价格杠杆，迫使企业革新技术，提高资源利用率，以高收益对冲高成本。第二，城镇空间治理有利于恢复绿色生态空间。传统生态环境保护往往以行政手段减少污染物排放。这种末端治理方式忽视了生态环境破坏的本质来源——城镇空间的超载利用。城镇空间治理要从源头上入手、过程中把控，把生态环境系统的单方面治理上升到"资源—生态—环境"全面治理，切实恢复城镇绿色空间生态服务功能。第三，城镇空间治理有利于推动经济高效发展。城镇空间是人们进行生产活动的载体，其主要功能是促进经济增长。生态文明视域下的城镇空间治理从"资源—生态—环境"3 个方面综合施策，不仅促使企业发展循环经济、降低中间成本，而且倒逼产业转型升级和产业"腾笼换鸟"，实现城市经济的高效增长。综上，城镇空间治理通过全面系统的措施实现空间资源的优化配置和利用。这既包括对城镇空间存量要素的调整、疏解，又包括以政策引导增量要素的优化配置，最终达到提升城市绿色经济效率的目标。

3.2　生态文明视域下城镇空间治理对绿色
经济效率的作用路径

生态文明建设的本质是构建人与自然和谐发展的现代化建设新格局。城镇空间的无序利用不仅造成资源的过度开发和环境污染，同时加重了农业、生态与城镇功能的失衡。因此，构建完备的城镇空间治理体系，以绿色发展引领城镇空间的合理利用，以提升绿色经济效率支撑城市生态文明建设迫在眉睫。这需要政府与市场形成合力，从资源、生态和环境3个方面提升城镇空间治理广度、强度、深度，优化城镇空间格局，达到提升绿色经济效率的目标。为此，本节将从直接作用、中介传导和协同关联3条路径入手研究城镇空间治理对绿色经济效率的作用机制。

3.2.1　直接作用路径

生态文明视域下的城镇空间治理本质上是以资源利用管控、生态功能修复和环境污染规制等具体治理手段，直接作用于地区绿色经济效率。其作用机理是在政企权责边界明确的前提下，以自上而下的治理手段规制多元主体对城镇空间的无序、超载利用行为，其中既包括地方政府为追求部门利益而造成的负面影响，也包括企业为过度追求利润最大化而产生的负外部性。在"公共利益最大化"的决策导向下，从资源利用管控、生态功能修复和环境污染规制等方面严格限制多元主体的利益边界和负外部性行为，以严格的管控措施迫使企业采取转型升级、加强技术研发、引入新技术要素、投资环保设备等应对措施以符合所在地区的治理标准，会增加额外的"遵循成本"。在外部成本内部化的过程中，促进市场主体向低投入、低污染、高效能的生产模式转型升级并提高产品质量和生产效率，在宏观层面形成城镇空间治理的资源集约效应、降污减排效应、要素重置效应、经济转型效应（见图3-2），提升地区绿色经济效率。本节将从城镇空间治理产生的效应和强度入手，分析其对绿色经济效率产生直接作用的路径和影响过程。

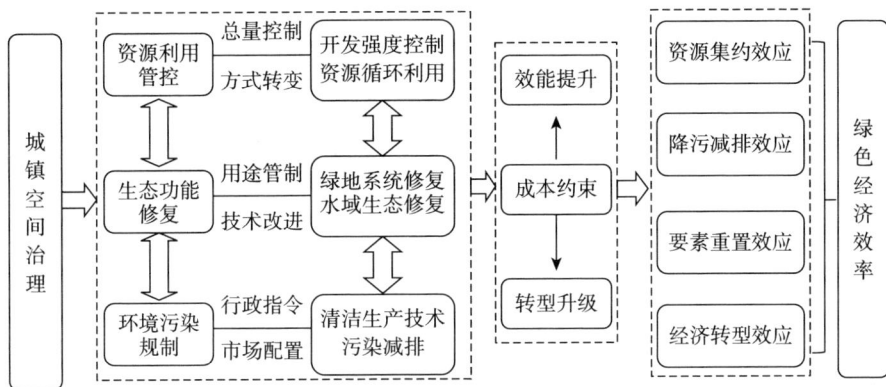

图 3-2　生态文明视域下城镇空间治理对绿色经济效率的直接作用路径

资料来源：笔者自制。

1. 资源集约效应

城镇空间治理包括控制城镇建设用地的开发强度，以促进土地资源高效利用。城市发展以土地利用为载体，传统"摊大饼"式的城镇开发不仅侵占了农业和生态空间，更降低了土地利用效率。生态文明视域下的城镇空间治理强调通过制定详细的土地利用规划，严格控制城镇开发边界，优化城镇用地内部结构。这体现了以规划手段平衡农业、城镇、生态的空间范围，保障3个空间在城市功能层面的协调与布局优化。更重要的是通过"价格机制"优化土地资源配置，提高城镇建设用地的利用效率。在快速城镇化阶段，规模经济能够有效降低交易成本，实现更大规模的要素集聚。而严格控制城镇开发边界、适当加大城镇建设用地策略调整力度，必然导致城镇建设用地特别是工业地价、商服用地地价上升，增加存量企业的生存和运营成本，从而倒逼企业提高资源利用效率，调整要素投入组合，降低可变成本，获得更高的收益。同时，这种做法提高了增量企业的进驻门槛，吸引产品附加值高、经营收益好的企业在城镇空间集聚，淘汰附加值低、能耗高的落后企业，形成企业区位的"选择效应"。因此，对城镇空间土地资源开发强度和结构的调控有利于优化地区要素配置结构、提升单位面积土地利用效率。

城镇空间治理强调对资源的循环利用，促进资源投入由粗放式消耗向循环节约转变。资源超载消耗是空间利用失衡的重要原因，促进资源集约利用是城镇空间治理的重要内容。传统的资源利用治理往往聚焦生产端，通过改进生产流程和技术工艺，减少一次资源的消耗以降低单位 GDP 能耗。生态文明视域下的城镇空间治理更强调从产品端治理，通过"资源生产—废弃物转化利用—再生资源"的绿色循环经济模式，使资源得到二次利用。目前较为成熟的板块有两个。一是工业固体废弃物综合利用，即以回收、加工、固化、再利用等手段，从工业废弃物中提炼或转化可供二次生产与利用的资源、能源和其他原材料。如提取炼钢、发电、石油化工等工业生产产生的废渣，将其用于水泥生产、绿色建材、再生筑路材料等。二是生活垃圾综合利用，即以垃圾焚烧、堆肥处理等方式，将燃烧生活垃圾产生的热能转化为城市发电、供暖、工业生产的动力源。循环经济模式在资源利用方面具有低开采、高利用、低排放特征，这种产品端治理模式一方面在实现废弃物无害化、资源化处置的过程中最大限度地降低资源消耗，节约企业成本，提升生产要素在投入过程中的配置效率；另一方面会产出具有高技术附加值、高品质、高性能等特征的新资源产品，有效提高资源绿色供应水平，促进清洁生产并提高城市绿色经济效率。发展循环经济能够有效缓解城镇资源过度使用问题、提升城市绿色经济效率。

2. 降污减排效应

城镇空间治理包含环境污染规制，即对环境污染这一负外部性行为的干预和约束。主要包括以制定污染物排放标准、制度为主要手段的命令控制型环境规制，以排污税（费）、排污权交易为主要手段的市场激励型环境规制，以信息披露为主要手段的民众参与型环境规制。环境污染规制以反映公共利益的政策为主导，通过对企业的排污行为进行监管与控制，在短期内迫使企业在生产源头优化要素投入结构，降低高污染的化石能源使用量，提高资源利用效率；在生产过程中改进工艺，引进清洁生产技术以降低污染物产生量；在末端治理环节引进污染减排设施和技术，以降低污染物排放量。对企业生产链条各环节施加严格的环境管控，明显增加了企业的生产成本、流通成本、贸易成本，降低了企业的生产性投资，引导企业在生产经营方式上做出决策调整，形成了"遵循成本"效应和"投资挤出"效应，在一定程度上降低了企业生产效率。而从长期看，随着规制强度的加大，恰当的环境标准引导企业将外部成本内部化，激发了企业的创新动力，倒逼企业重塑绿色生产模式，形成"创新补偿"效应。这不仅能降低"遵循成本"，而且能通过企业技术升级提高生产效率，在降低污染物产生量和排放量的同时，促进企业的绿色转型，有力保障城市经济增长和污染减排。因此，城镇空间治理具有降污减排效应，通过设定明确的环境质量目标和严格的监管措施，倒逼企业内涵式发展，从而达到减少环境污染、提高绿色经济效率的目标。

城镇空间治理包含对生态系统的修复，有利于吸附污染物、提升环境质量。空气污染程度的加深来源于二氧化硫、工业烟粉（尘）、汽车尾气、扬尘等污染物的持续排放。而受温度上升、低空液态水增加、超细颗粒物排放量提升等因素影响，污染物在光化学反应作用下形成二次污染。城市绿地是城市生态系统的重要构成，一定数量和质量的城市绿地不仅为城市景观建设提供了支撑，更发挥着减少城市污染、促进城市生态平衡的重要功能。现有研究显示，绿地、水域等城市生态系统和绿色廊道具有自净能力，能够有效吸附和降解部分污染物，调节局部气温，降低空气中细菌含量，从而涵养水土、保护物种多样性、调节区域气候、缓解大气污染、提升环境质量[211]，且绿地面积越大、绿化树种越丰富，绿化空间对改善环境的生态效应越突出[212-213]。此外，生态系统修复需要政府、企业等多元主体参与，既需要政府实施生态修复工程，如通过调整城镇建设用地结构，以建设生态保护区、郊野公园、市内公园、湿地公园、口袋公园等方式扩大绿地面积，实施退耕还林还草工程，修复城镇边界区域绿色空间；又需要以政策引导企业通过绿色建筑、绿顶设计、降低污染物排放量等方式参与城镇空间生态系统修复与保护。通过人工手段恢复、扩大和重塑城市绿地系统，构筑城镇空间绿化格局，能够有效提升城市生态系统的自调控能力，恢复城市生态系统的自我循环与修复功能，强化对污染物的吸附作用，达到减少城市环境污染的效果，从而实现城市生态效益[214]和绿色经济效率的提升。

3. 要素重置效应

城镇空间治理能够提升地方品质，从而促进要素结构优化与重置。新空间经济学提出地方品质是空间中不可移动和不可贸易的产品与服务，具体包括：满足多样化需求的私人消费及服务；教育、医疗、文化等公共服务基础设施；绿色生态系统和环境质量；信息通信、城市交通等基础设施；包容性强的区域文化氛围与政策制度等。高技能人才更加偏好以知识溢出、生态环境、消费多样性、通勤便捷性及信息通达性为特征的地方品质优势区位[215]。而高标准的地方品质和公共服务往往内化于高度城镇化的地区，这就需要扩展城镇空间治理范畴，促进资本、劳动力等要素向培育优质公共服务、生态、环境等不可贸易品转移[216]，且城镇空间治理强度越大，要素流动的地方品质倾向越明显，R&D 人员数量、技术发明专利数量、生态治理投资额、环保设施投资额等在要素投入结构中的比重将大幅提高，形成绿色高质量要素替代传统低效能要素的空间集聚新格局。因此，要强化政府和市场双维驱动，提升城镇空间治理的广度和强度，从自然环境、消费生活、制度软环境等多个维度提升地方品质，为绿色发展提供基础设施和外部环境条件，自然地形成人才流、资金流、技术流、信息流等要素由低效污染环节向绿色清洁高效领域加速转移集聚的新格局，从而促进地区要素结构绿色转型，为提高城市经济效率注入绿色发展新动能。

4. 经济转型效应

城镇空间治理以空间的有序、高效利用为主线，倒逼经济运行向绿色增长转型。从传统的城市发展模式看，以城镇建设用地扩张换取地区经济粗放式增长，不仅造成资源的过度消耗，且城镇边缘区地价优势驱动工业企业集聚更加重了城市环境污染和生态破坏。而从资源利用管控、生态功能修复和环境污染规制等方面实施严格、系统的城镇空间治理措施会产生以下影响。一是强化资源的稀缺性，提升经济效率。市场机制作用势必进一步抬高城市地价，倒逼城镇空间内部经济活动向更加高效、更高收益转变，能够承担额外成本、通过提质增效实现盈利的企业将获得绿色发展竞争优势，带动城市经济整体向绿色发展转型升级。二是促进全社会培育生态品质。生态品质培育力度持续加大，引导经济产出系统向生态产品、绿色清洁生产工艺供应等方向调整。三是有效保障环境的公共物品属性。高强度的城镇空间治理势必倒逼企业以绿色清洁生产工艺替代低效落后工艺，以升级产品和服务价值链高端环节实现转型，从而促进产业向技术和知识密集型领域转型升级，最终提升城市的绿色经济效率，驱动城市经济迈向高质量发展新阶段。四是全面推动全社会的绿色技术创新效应。城镇空间治理必将推动全社会的绿色技术创新,资源集约利用和产业结构升级都会形成新的市场需求,促进技术和知识密集型产业的加速集聚,推动产学研等创新主体构建起紧密联系的区域创新生态系统[217],更好地发挥自组织创新和协同创新效应,进而涌现更多的绿色技术创新成果,在成果转化过程中推动城市经济由要素驱动、投资驱动向创新驱动转变,最终构建起城市经济绿色发展新格局。

城镇空间治理能够对落后产能形成挤出效应。限制城镇开发强度、强化生态治理、严控环境排污标准等措施必然要求企业及时转变生产经营理念,调整要素投入结构,增加对 R&D 人员、技术、管理等要素或环节的投入,从而直接增加企业为符合治理标准而产生的"遵循成本"。而政策在实施的同时,势必对不符合降污减排要求、无法对冲"遵循成本"的低效污染类企业造成挤出效应,减少企业的生存与发展空间。在市场机制作用下,不同发展阶段的城市与相应收益水平的企业在空间区位选择上的匹配,不仅促进资源要素的整合和集约利用,更促进城镇空间利用的"腾笼换鸟"和城市经济效益的"优胜劣汰",促进城市空间利用结构优化和绿色经济效率提升。

城镇空间治理对周边区域经济转型形成关联效应。根据空间联通延展性,城镇空间治理行为在推动本地区向绿色经济转型的同时,会形成溢出效应和示范效应。具体来说,先发地区治理会通过产业链和要素流对周边后发地区要素结构和产业结构造成影响,并根据治理强度的差异形成正向或负向的溢出效应。当存在负向溢出效应时,如果后发地区的目标是经济增长,那么后发地区主要呈现对先发地区落后产能的承接态势,绿色发展水平落差进一步扩大;如果考虑政府的宏观调控,后发地区以绿色发展为目标,会提高城镇空间治理强度,以此来规避治理措施的负外部性,加快培育绿色经济新动能,助力提升区域整体的绿色经济效率。

3.2.2 中介传导路径

城镇空间治理通过产业结构调整影响绿色经济效率。实现经济增长由高投入、高消耗向高效节能、生态环保、高附加值转型,仅依靠市场主体自发转型升级来淘汰落后产能,往往会缺乏内在激励,造成产业结构调整优化过程相对缓慢，且在特定阶段可能会偏离绿色发展方向。这就需要政府运用行政手段规制市场主体的负外部性行为，引导企业将环境破坏成本内部化，在保障空间自然绿色本底的过程中倒逼企业向绿色经营转变，推动城市层面的产业结构升级，并通过中介传导路径达到提升绿色经济效率的效果。为此，本书将此中介传导路径总结为"城镇空间治理—产业结构演进—绿色经济效率"（见图3-3）。在理清此中介传导路径的内在逻辑机制后，从本地和邻地双重视角剖析城镇空间治理的正外部性和负外部性，进而系统阐述"城镇空间治理—产业结构演进—绿色经济效率"的作用原理。

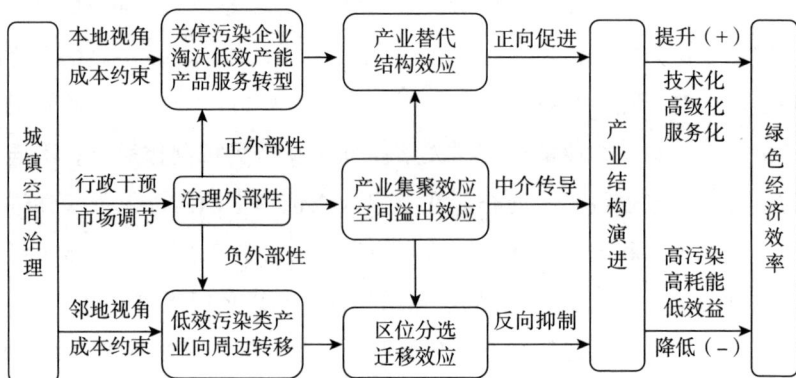

图3-3 生态文明视域下城镇空间治理对绿色经济效率的中介传导路径

资料来源：笔者自制。

1. 城镇空间治理与产业结构升级

产业结构升级主要通过市场配置与政府引导两种方式来实现[218]。在市场机制作用下，产业结构的自发升级往往较为缓慢，单纯的行政规划手段虽然推动了生产要素的跨行业配置，但地区产业发展基础不同，无差异的产业政策容易导致产业重构，难以激发企业的积极性。城镇空间是一种特殊的投入要素，在空间利用政策的引导下，合理的空间利用规制强度能够迫使企业将外部成本内部化，从而对高污染、高耗能、低效益的市场主体形成有效的成本约束，引导产业向绿色化、科技化转型升级。因此，城镇空间治理可以视为城市产业升级的内生驱动力量。

生态文明视域下的城镇空间治理从资源利用管控、生态功能修复和环境污染规制 3 个方面来规制地方政府和企业对空间的无序利用行为，通过保障空间的自然绿色属性倒逼企业对其产品结构、组织结构、管理模式、技术水平等做出相应调整，形成宏观层面的产业结构升级效应。具体而言，在资源利用管控方面，政府一方面通过限制城镇开发边界、约束土地资源的过度无序消耗保障主体功能，另一方面以绿色发展、循环经济、低碳经济相关政策推动能源回收型、废弃物重复利用型产业的壮大，特别强调发展生态环保型和高技术行业，淘汰资源偏好型、污染型、高耗能低技术低效益型产业，通过建立产业间紧密合作的生态体系，达到资源循环利用、提高产业绿色 GDP的目标。政府政策和地价调节机制的双重作用直接增加了企业的"遵循成本"，同时管制政策导致生产要素的提高，间接增加了企业经营成本。在考虑成本的情况下，企业势必改变其生产经营决策，提高资源利用率以降低要素成本，引进新技术，向绿色生产、清洁生产转型，产品结构和服务也更加偏向价值链高端环节，从而在城市层面推动产业结构升级。在生态功能修复方面，政府通过调整建设用地结构、增加城市绿化面积、挤占其他类型用地而抬高地价，倒逼企业提高经营效益以对冲成本。同时，生态功能修复势必带来第三产业中环境和公共设施管理业的发展壮大，形成城市层面的产业结构升级。在环境污染规制方面，严格的排污标准及排污权交易制度增加了大型污染类企业对技术创新的需求，企业纷纷设立各类技术实验室或研究院，辅助转型升级。同时，由于市场对技术的需求日益增加，科学研究和技术服务行业、环境治理业等第三产业的比重必将提高，推动城市产业的整体升级。因此，提高城镇空间治理强度总体上能够推动城市产业结构升级，反之，如果城镇空间治理强度不足，往往会造成资源无序利用、生态退化、环境污染等问题，阻碍产业结构升级进程。

2. 产业结构升级与绿色经济效率

产业结构升级是协调经济增长和空间绿色有序利用、提升地区绿色经济效率的有效路径。一个地区的经济发展水平与方式往往与该地区的主导产业密切相关，而产业结构特征不仅决定了该地区的经济运行方式，而且决定了该地区的空间利用方式、绿色经济水平乃至生态文明程度。例如，高新技术产业以及知识密集型产业在降低能耗、提质增效、降污减排等方面具有明显的优势[219]，既是区域经济运行到工业化后期、后工业化时期的主导产业，也是推动区域经济绿色集约高效发展的重要依托。产业结构升级能够促进地区绿色经济效率提升。

产业结构升级表现为第一产业、第二产业、第三产业比重递次提升的过程，也表现为主导产业由劳动密集型、资本密集型向知识、技术密集型的转变。这个过程既伴随劳动力、资本等要素由低效率产业向高效率产业的流动与结构重组，促进要素资源的高效利用[220]；又依靠科技创新赋能传统产业，形成高效清洁的先进生产方式。同时，消费者对科技新产品、绿色生态产品的需求更高、更多样化，加速了产业结构升级进程，进而推动全社会促进资源要素集约利用和治污技术改进，通过前向、后向和旁侧效应推动上下游产业生产模式绿色化，带动全产业链结构的整体升级，从而构建区域绿色经济发展新格局。综上，产业结构升级能够提高技术密集型、知识密集型等产业的比重，以科技附加值高的新兴产业替代高污染、高耗能、低效益的传统产业，从源头上提高高效、绿色、有序利用空间的水平，同时优化生产要素投入与产出结构，继而以主导产业升级带动全产业链的整体升级，在城市层面形成要素资源高效利用、经济转型增长、污染减排三大成效，即以更高的要素利用效率、更低的环境代价与要素投入成本来获取更高的经济产出效益，实现城市绿色经济效率的提升。相反，高污染、高耗能、低效益产业比重的升高会在一定程度上降低地区的绿色经济效率。

3. 城镇空间治理、产业结构升级与绿色经济效率

城镇空间治理能促进产业结构升级，进而推动地区绿色经济效率提升。城镇空间治理包含行政干预和市场调节的双重作用，本质上是政府调控对企业形成了成本约束，进而影响企业的生产经营决策，这就自然地形成了治理的正外部性和负外部性，通过特定产业在不同空间产生的集聚效应和空间溢出效应，促进要素在不同空间的优化配置，进而形成产业在不同空间集聚的新格局，对不同地区的绿色经济效率产生异质性影响。

一是聚焦本地视角，本地区城镇空间治理会促进本地区的产业结构升级，进而提高本地区的绿色经济效率。城镇空间治理以严格的标准和强制性措施对地方政府和企业的外部性行为进行规制。城镇开发边界划定、建设用地结

构调整、生态服务系统价值修复、环境污染规制等的目标均是改变地方政府决策的"偏公"导向,同时将企业造成的外部成本内部化,以增加"遵循成本"为代价倒逼企业淘汰落后产能,引入清洁生产工艺和节能环保新设备,实现合规经营和高效运转,从而引导企业的绿色转型。但由于"遵循成本"的增加以及"环境准入清单"等严格的规制措施,不符合合规经营要求的企业被迫选择转型、关停、倒闭,在城市层面推动产业转向技术和知识密集型,这体现了城镇空间治理能够推动产业结构升级,进而提升城市整体的绿色经济效率。并且,治理强度往往对产业结构升级、地区绿色经济效率提升的程度具有较强的相关性、不确定性影响。

二是聚焦邻地视角,本地区城镇空间治理会抑制邻地的产业结构升级,进而拉低邻地的绿色经济效率(见图3-4)。根据空间联通延展性,本地区城镇空间治理势必对邻地造成溢出效应。本地区城镇空间治理对不同经营能力的企业产生成本约束,此外,"环境准入负面清单"等政策措施明确限制了污染类企业的活动,企业会因此形成区位迁移决策,这对于开展城镇空间治理的本地区而言,会促进其产业结构升级,但对于邻地而言,会产生"治理外部性",污染类企业迁移至邻地,进而抬高邻地第二产业比重[①],进而导致邻地绿色经济效率的下降,与本地区形成绿色发展的马太效应。

3.2.3 协同关联路径

城镇空间跨界协同治理是提升区域整体绿色经济效率的重要保障。受地区经济发展诉求、技术水平、政府决策等多种因素影响,生态文明视域下的城镇空间治理强度会呈现明显的空间差异。一般情况下,先发地区的城镇空间治理强度会高于后发地区。正是由于治理强度存在"势能差",先发地区的低效污染型市场主体为了规避"遵循成本"或受制于"环境准入负面清单"的要求,往往会向后发地区转移。这种低效污染型产业转移会进一步加重后发地区的经济粗放式增长、资源消耗、生态失衡和环境污染问题。从长

---

① 不排除邻近地区第三产业比重自发提高的可能性。单就产业转移造成的产业结构变化而言,这里隐含着第三产业份额不变的假设。但实际的第二产业与第三产业份额变化情况要根据地区产业具体分析。

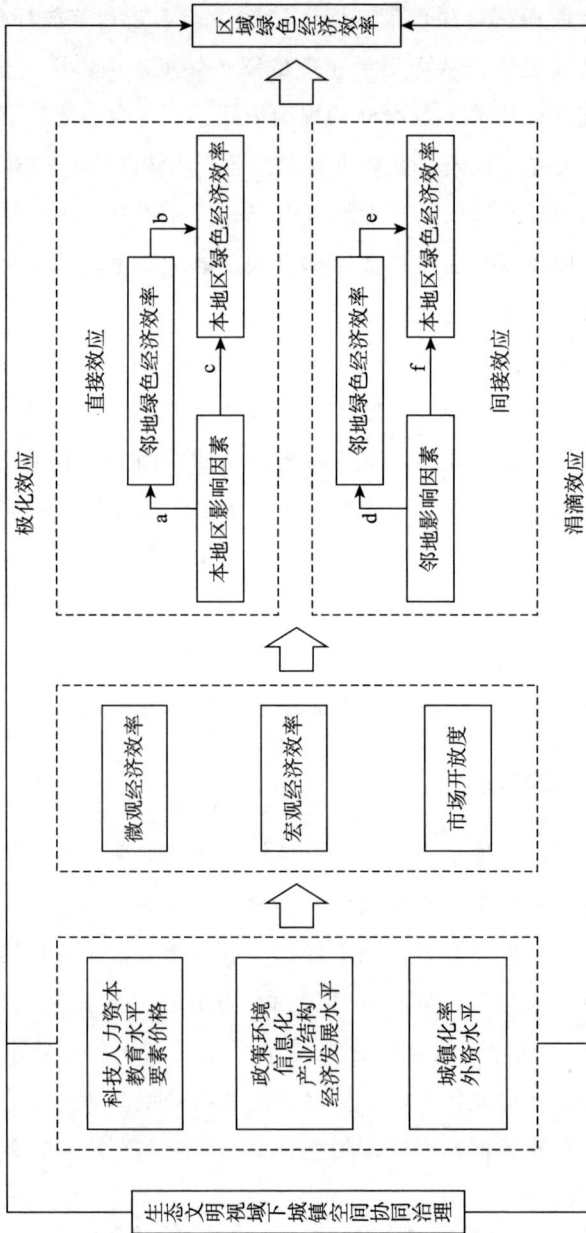

图 3-4 生态文明视域下城镇空间协同治理对区域绿色经济效率的驱动机制

资料来源：笔者自制。

远来看，低效污染型产业在"势能差"作用下的转移，会造成后发地区与先发地区绿色经济内涵式发展差距的进一步扩大。同时，低效污染型产业的转移会导致粗放发展模式在后发地区的深化，基于 Anselin、Griffith[208] 关于空间关联性的界定及本书提出的空间具有联通延展性的基本观点，经济活动在后发地区形成的负外部性会通过空间溢出效应作用于区域整体，在一定程度上影响区域绿色经济效率，而具体的影响程度要取决于区域内先发地区和后发地区的治理强度差距。因此，单纯考虑单一空间而忽视空间关联性的城镇空间治理会引致治理行为的负外部性，导致治理失效。根据治理强度存在的空间异质性，本书将生态文明视域下城镇空间治理协同关联路径分为以下两种结构。

一是垂直关联，主要指"单中心、分散化"治理关联结构。由于地区发展阶段、产业结构、创新能力、市场需求、居民诉求、政府规划目标等方面的差异，不同地区的城镇空间治理强度存在异质性。一般来说，经济发展水平较高的地区，治理强度相对较高，经济发展水平较低的地区，治理强度相对较低，进而在一定的邻近空间中形成治理强度从高到低向外辐射扩散的"核心—外围"格局。在政府与市场的共同作用下，高治理强度地区的落后产能会向治理强度相对较低的外围地区转移，与其相适应的要素会在外围地区形成集聚态势，形成对落后产能的疏解效应。在这一产业转移过程中，不同类型的要素会随治理强度的异质性实现在不同空间单元中的流动与重配，但这不利于后发地区和区域整体绿色经济效率的提升。垂直关联结构下，区域要素的空间配置效率得到一定程度的提升，但从长远来看，不仅会放大核心区与外围区绿色经济效率的马太效应，也会在一定程度上制约区域整体绿色经济效率的提升（见图 3-5-a）。

二是水平关联，主要指"多中心、网络化"治理关联结构。后发地区基于落实政府要求或自身转型发展等因素，采取综合性治理手段提高治理强度，追赶先发地区，最终形成区域内强度趋同的水平关联结构，具体表现为"中心节点—次级节点—微节点"的"多中心、网络化"治理关联结构（见图 3-5-b）。相较于垂直关联结构，水平关联结构中，各节点中心度均有所提高，节点间联系更加密切，要素流动速度更快，溢出效应更加显著。这种

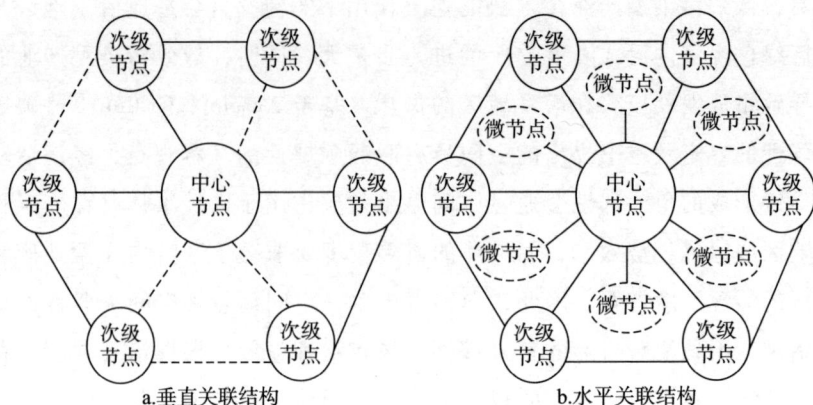

图3-5 生态文明视域下城镇空间治理垂直关联结构与水平关联结构

说明：图中实线表示联系度较高，虚线表示联系度较低。

资料来源：笔者自制。

治理结构的形成，一方面是后发地区落实上层决策而产生的治理结果；另一方面是由于后发地区经过长时间资本积累和技术进步，已经培育并形成了经济转型的内生动力，度过了依靠承接先发地区落后产能来支撑自身发展的阶段。为规避先发地区的治理负外部性，后发地区采取主动提高治理强度的综合性措施，放弃承接先发地区的落后产能，推动自身的转型升级，从而构建绿色经济发展格局。在水平关联结构中，落后产能在特定空间范围内已无法转移，区域内要素得到充分优化配置和重组，区域整体跨越了依靠产业梯度转移带动发展的阶段，真正实现了全面绿色发展。

3.3 生态文明视域下城镇空间治理影响绿色经济效率的分析框架与假设

3.3.1 分析框架

基于前文的理论分析，生态文明建设的现实要求赋予了新时代城镇空间治理新内涵与新方式，需要统筹多维主体与客体，以系统治理、协同治理的新思路倒逼发展向兼顾经济增长和空间绿色利用的绿色模式转变。为此，本书构建"治理动力—治理维度—治理路径—治理目标"分析框架,系统阐释生态文明视域下城镇空间治理影响绿色经济效率的过程与机制(见图 3-6)。

一是治理动力。生态文明视域下的城镇空间治理由多元治理主体和多元治理客体构成。其中,多元治理主体由政府、企业、公众构成,通过行使规划、行政、参治、监督等职权,统筹"中央—地方""地方—地方"政府间竞合关系、政府与企业的利益博弈、公民对治理的满意度,构建跨区域多元主体联防联控联治机制,形成利益共同体。多元治理客体包括资源、生态和环境,需要统筹"资源—生态"耦合下的生态系统价值最大化、"资源—环境"耦合下的经济效益最大化和环境负外部性最小化、"生态—环境"耦合下的生态系统稳定性。生态文明视域下的城镇空间治理是统筹资源利用效益、生态效益、环境成本的城镇空间绿色利用过程,将人类改造的物质环境回溯至自然本底状态是生态文明视域下城镇空间治理的动力。

二是治理维度。立足生态文明建设视角,城镇空间的内部构成可以划分为资源、生态和环境,据此城镇空间治理划分为资源利用管控、生态功能修复、环境污染规制 3 个方面。基本思路是更加注重高效、协调、可持续的国土资源优化配置,处理好集聚与分散、开发与保护的关系,形成优势互补、集约高效利用、高质量发展的空间格局。

三是治理路径。第一,直接作用路径。城镇空间治理具有资源集约效应、降污减排效应、要素重置效应、经济转型效应,进而影响绿色经济效率。第二,中介传导路径。城镇空间治理通过调整产业结构提升绿色经济效率,方式包括产业关停、产业转移、产业升级。融入空间视角,本地区城镇空间治理会促进本地区的产业结构升级,进而提高本地区的绿色经济效率。城镇空间治理以严格的标准和强制性措施对地方政府和企业的外部性行为进行规制。考虑邻地视角,随着治理强度提高,本地区城镇空间治理对邻地产业结构表现出先抑制后带动的"U"形作用过程,对邻地的绿色经济效率同样表现出"U"形作用过程。第三,协同关联路径。在治理关联结构中,每个空间节点均居于特殊的地位,发挥着各自的作用,网络的疏密度、联系度、中心度均影响着要素流动与集聚区位,进而影响区域整体绿色经济效率。

四是治理目标。绿色经济效率是统筹资源利用、经济增长、生态环境质

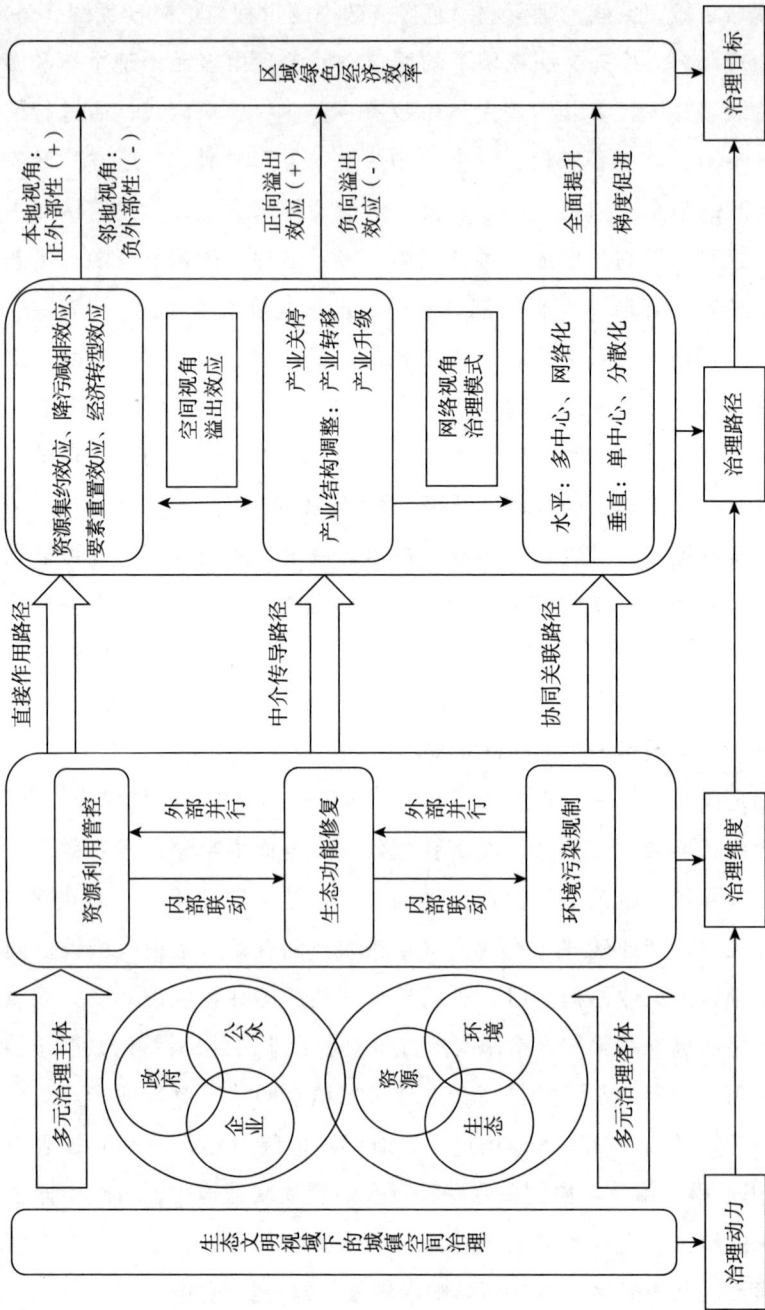

图 3-6 生态文明视域下城镇空间治理影响绿色经济效率的分析框架

资料来源：笔者自制。

量的综合经济效率，是反映一个国家或地区经济绿色发展水平的重要指标。加快经济绿色转型、实现经济绿色发展是缓解当前经济增长与人口资源环境矛盾的必然选择。

3.3.2 研究假设

1. 城镇空间治理与绿色经济效率

在市场机制发挥对资源配置的决定性作用下，如果城镇空间开发利用完全依靠市场力量，往往会导致城镇空间无序开发，造成资源过度消耗、生态破坏和环境污染乃至城镇空间开发格局与经济增长的失衡。城镇空间治理可以协调政府规制与市场配置的关系，发挥政府的调控作用，并推动经济增长模式向绿色、可持续转型，进而带来城市经济效益和生态效益的共同提升。从直接作用路径的理论分析中，本书认为城镇空间治理对城市绿色经济效率提升具有资源集约效应、降污减排效应、要素重置效应、经济转型效应。具体来说，多维度的城镇空间治理会促进企业优化要素利用结构与生产工艺，在高强度的城镇空间治理约束下，高污染、高耗能、低效益型产品将被市场淘汰，企业倾向于选择生产绿色低碳、节能环保的新产品，以满足消费者的绿色需求。通过资源利用源头治理、生产流程约束和生态功能修复过程治理、环境污染末端治理，全面降低市场主体对资源、生态、环境的依赖性，将市场主体造成的外部成本内部化，倒逼市场主体从粗放投入式发展向绿色高效发展转变。这在短期内会降低企业的产出水平、削弱企业的市场竞争力，但长期来看可以为企业获取竞争优势，提升生产流程和产品的绿色价值。

此外，城镇空间治理强度对绿色经济效率的影响过程呈现"非线性"。根据前文对城镇空间治理结构的分析，一方面，地方政府决策响应存在一定滞后性，且各地区发展水平、发展模式与决策响应周期存在差异，导致城镇空间治理实施的时间起点、强度、手段都具有异质性；另一方面，政策具有效果滞后性，特别是在政策实施初期，各类治理措施会增加企业的"遵循成本"。基于企业成本收益的异质性，为达到治理标准，企业在生产过程中面临三类决策。一是增加绿色转型生产与末端治理的投入。能够承受政策成本的企业将在短期内增加科技型劳动力、绿色节能减排设备、绿色技术等绿色发展要素投入，在追求利润的同时达到治理标准。二是关停或寻租。企业无法承担政策成本或因某类治理措施强制关停，甚至为了获得生产许可做出非法寻租行为。三是异地转产。受到本地治理政策的影响，本地企业往往向异质性区域转移，以规避本地较高或具有较强针对性的治理措施，进而以其固有的生产模式在异质性区域重新投产，形成落后产能的异地集聚态势。综上，治理体系尚未成熟、较高的绿色转型"遵循成本"导致绿色转型过程漫长以及非法寻租或异地转产等负外部性现象，治理初期政策强度偏低往往会拉低绿色经济效率。但随着政策的持续推进，城镇空间治理强度不断提升，当市场主体的"遵循成本"超过其承受范围的拐点，或是以强制手段疏解某类落后产能时，高强度的城镇空间治理会对本地区以及周边地区绿色经济效率产生正向激励与溢出带动作用。综上，本书提出以下假设。

H1：实施城镇空间治理能够影响城市绿色经济效率。随着时间的推进，城镇治理强度对绿色经济效率的作用过程呈现先降后升的"U"形特征。

2. 城镇空间治理、产业结构升级与绿色经济效率

城镇空间治理从资源利用管控、生态功能修复和环境污染规制3个方面综合施策，提升城镇空间治理强度，有效促进资源优化配置、动能转换、污染物减少，在中观层面形成了产业结构升级效应。对于经济的影响主要集中于"遵循成本论"与"创新补偿论"，产业结构调整主要通过市场配置与政府引导两种方式来实现[221]。城镇空间是一种特殊的生产投入要素，治理强度的提高使低效污染型企业生产成本上升，从而对高污染、高耗能、低效益产业形成有效约束，倒逼产业结构升级，从根本上构筑绿色发展的内在驱动力，实现绿色经济效率的提升。

城镇空间治理对产业结构升级和绿色经济效率提升具有空间溢出效应。一是聚焦本地视角，本地区城镇空间治理会促进本地区的产业结构升级，进而提高本地区的绿色经济效率。城镇空间治理以严格的标准和强制性措施对地方政府和企业的外部性行为进行规制，以增加企业"遵循成本"为代价倒

逼企业淘汰落后产能，引入清洁生产工艺和节能环保新设备，实现合规经营和高效运转，从而引导企业绿色发展。二是聚焦邻地视角负向溢出效应，本地区城镇空间治理会抑制邻地的产业结构升级，进而拉低邻地的绿色经济效率。根据空间的联通延展性，本地区的城镇空间治理势必对落后产能形成挤出效应，在影响邻地产业结构的同时降低其绿色经济效率。三是聚焦邻地视角正向溢出效应，随着治理强度提升，本地区的绿色产业和生产模式必将出现新的路径依赖，沿着绿色产业链、创新链推动新的生产模式向周边溢出，以绿色新动能带动邻地转型发展。综上，本书提出以下假设。

H2：产业结构高级化是城镇空间治理影响绿色经济效率的中介变量，城镇空间治理强度对产业结构高级化和绿色经济效率的作用形式均呈"U"形特征。

3. 城镇空间治理的网络关联结构与区域绿色经济效率

基于前文分析，受地区经济发展诉求、技术水平、政府决策等多种因素影响，生态文明视域下城镇空间治理强度会呈现明显的空间差异。本书将生态文明视域下城镇空间治理协同关联路径分为以下两种结构。一是垂直关联结构。由于地区发展阶段、产业结构、创新能力、市场需求、居民诉求、政府规划目标等方面的差异，不同地区的城镇空间治理强度存在异质性。垂直关联结构下，区域要素的空间配置效率得到一定程度的提升，但从长远来看，不仅会放大核心区与外围区绿色发展效率的马太效应，也会在一定程度上制约区域整体绿色经济效率的提升。二是水平关联结构。当区域内各空间单元的城镇治理强度趋同，落后产能在特定空间范围内已无法转移，区域内要素得到充分优化配置和重组，区域整体跨越了依靠产业梯度转移带动发展的阶段，真正实现了全面绿色发展。综上，本书提出以下假设。

H3：多中心城镇空间治理网络关联结构能提升区域绿色经济效率。

3.4　本章小结

　　本章在界定城镇空间物质承载性、社会经济性和联通延展性等基本属性的基础上，提出生态文明视域下城镇空间治理应是统筹政府、市场、公众的主体关系，涵盖资源、生态、环境内在关联，聚焦绿色发展目标的综合体系，并推导出生态文明视域下城镇空间治理应聚焦资源利用管控、生态功能修复、环境污染规制 3 个方面，这也为后文构建评价指标体系提供理论依据。

　　本章随后从直接作用、中介传导、协同关联 3 条路径分析生态文明视域下城镇空间治理影响绿色经济效率的作用机理。直接作用路径主要指城镇空间治理对绿色经济效率具有资源集约效应、降污减排效应、要素重置效应和经济转型效应。中介传导路径主要指城镇空间治理能够有效倒逼本地区产业结构升级，进而提升绿色经济效率；而城镇空间治理具有溢出效应，通过落后产能转移抑制邻地产业结构升级，进而影响邻地的绿色经济效率，即城镇空间治理对产业结构升级和绿色经济效率均具有"U"形作用。协同关联路径主要包括垂直关联和水平关联两种结构。垂直关联结构下，治理负外部性不利于区域整体绿色经济效率的提升；水平关联结构下，多中心城镇空间治理网络关联结构能有效提升区域绿色经济效率。在此基础上，构建了"治理动力—治理维度—治理路径—治理目标"分析框架，并提出相应的假设，为后文的实证检验提供理论基础。

第4章 城镇空间治理与绿色经济效率的时空演化特征分析

生态文明视域下的城镇空间治理是促进国土空间从传统粗放式利用向集约绿色化利用转变的综合治理，其政策的多维性、综合性、密集性、严格性都会对治理效果产生影响。绿色经济效率反映的是特定区域或城市的绿色发展水平，是在考虑要素消耗和环境污染的前提下对经济可持续发展的评价。一般来说，城镇空间治理政策措施越系统、全面，空间绿色化利用及对城市绿色经济的推动作用和调控效果就越明显。为此，本章将在理论分析的基础上，从资源利用管控、生态功能修复和环境污染规制3个方面对城镇空间治理现状进行分析，并通过构建评价指标体系，对城镇空间治理强度和绿色经济效率进行详细分析。

4.1 城镇空间治理现状分析

4.1.1 指标选取与测度方法

4.1.1.1 指标选取

在前文理论研究的基础上，推导出生态文明视域下城镇空间治理的3个方面：资源利用管控、生态功能修复和环境污染规制，进而结合各领域相关主题文献，构建生态文明视域下城镇空间治理强度评价指标体系（见表4-1）。

表 4-1　生态文明视域下城镇空间治理强度评价指标体系

目标层	指标层	指标解释
资源利用管控	建设用地开发强度（%）	反映对城镇空间开发强度（扩张速度）的管控水平
	工业固体废物综合利用率（%）	反映对城镇空间自然资源循环利用的管控水平
	生活垃圾无害化处理利用率（%）	反映对城镇空间自然资源循环利用的管控水平
生态功能修复	建成区绿地面积占比（%）	反映对城镇空间绿地生态系统的修复水平
	城镇污水处理厂集中处理率（%）	反映对城镇空间水生态系统的修复水平
环境污染规制	工业 SO_2 去除率（%）	反映对城镇空间环境污染物 SO_2 的去除水平
	工业烟（粉）尘去除率（%）	反映对城镇空间环境污染物工业烟（粉）尘的去除水平

资料来源：笔者自制。

在资源利用管控方面，城镇空间治理的重要理念是限制城镇开发边界的无序蔓延，由于现有文献中对于城镇开发边界的上限尚未形成统一观点，特别是不同发展阶段的城镇开发强度不一致，本书选取建设用地开发强度反映对城镇空间开发强度（扩张速度）的管控水平。资源循环利用是对资源重复利用、生态化利用的有效模式，能够大大减少资源超载利用和环境污染，以同样的要素组合提高资源利用效率。借鉴赵宁[222]用工业固体废物综合利用率反映生态型城镇化建设进程的观点，本书选取工业固体废物综合利用率和生活垃圾无害化处理利用率反映对城镇空间自然资源循环利用的管控水平。

在生态功能修复方面，本书选取建成区绿地面积占比和城镇污水处理厂集中处理率来反映对城镇空间绿地生态系统和水生态系统的修复水平。第一，建成区绿地面积占比反映了土地利用结构的变化，也反映了城市生态系统的支撑水平。张利华等[223]用绿地面积反映城市绿色生态系统的生态功能价值或效益。王琰、王庆明[224]以建成区绿地率和建成区绿化面积作为生态文明导向下的城市绿地空间衡量指标，证明了绿地空间扩大能够提升城市生态效益，支撑经济发展和社会宜居。第二，城镇污水处理厂集中处理率能较好地反映对城镇空间水生态系统的修复水平。柏樱岚[225]、王群[226]、段学军[227]等分别以北京、千岛湖地区为例，以城镇污水处理率作为水生态治理的主要指标，证明了城镇污水排放量与水质良好状况呈负相关关系，城镇污水处理率对水生态恢复力的作用最大；王振波[228]、金凤君[229] 等均用城镇污水处理厂集中处理率来反映城市水生态治理的强度，并提出不断实施工业和生活污水处理设施建设等一系列生态修复工程，提高城镇污水处理效率，能够有效提升区域水生态功能。本书研究对象是城市层面，基于数据可得性，尽力排除自然力影响，选用城镇污水处理厂集中处理率反映水生态治理的强度。

在环境污染规制方面，选取工业 SO_2 去除率、工业烟（粉）尘去除率反映对城镇空间环境污染物的去除水平。由于现实中不存在固定的环境干预工具，相关数据的连续性弱且质量较低，环境污染规制尚未形成统一的度量标准[230-231]。在文献梳理的基础上，为保障环境污染规制指标的全面性和地级市数据可得性，本书借鉴傅京燕[232]、原毅军[233]、赵霄伟[234] 等学者研究地级市环境规制强度的主流做法，从环境污染规制绩效的角度全面考虑空气污染治理强度。

4.1.1.2 测度方法

1. 指数编制法：城镇空间治理强度评价指标体系

本书界定的生态文明视域下的城镇空间治理是统筹"资源利用管控—生态功能修复—环境污染规制"的多维度综合评价体系。在理论分析并考虑数据可得性的基础上，本书选用指数编制法，从资源利用管控、生态功能修复、环境污染规制 3 个方面对城镇空间治理强度进行测度。由于各指标单位不同，具体的指标权重将采用熵值法来确定。具体确定步骤如下。

（1）数据标准化处理：

$$正向指标 \; X'_{ij} = \frac{X_{ij} - \min\{X_j\}}{\max\{X_j\} - \min\{X_j\}}$$

$$负向指标 \; X'_{ij} = \frac{\max\{X_j\} - X_{ij}}{\max\{X_j\} - \min\{X_j\}} \qquad （式 4-1）$$

（2）计算第 i 年第 j 项指标值的比重：

$$Y_{ij} = \frac{X'_{ij}}{\sum\limits_{i=1}^{m} X'_{ij}} \qquad （式 4-2）$$

（3）计算指标信息熵：

$$e_j = -k \sum_{i=1}^{m} (Y_{ij} \times \ln Y_{ij}) \qquad (式4-3)$$

（4）计算信息熵冗余度：

$$d_j = 1 - e_j \qquad (式4-4)$$

（5）计算指标权重：

$$W_i = d_j / \sum_{j=1}^{n} d_j \qquad (式4-5)$$

（6）计算城镇空间治理强度综合得分：

$$S_{ij} = \sum_{j=1}^{n} W_i \times X'_{ij} \qquad (式4-6)$$

式中：X_{ij} 表示第 i 年第 j 项指标的数值，$\min\{X_j\}$ 和 $\max\{X_j\}$ 分别为所有年份中第 j 项指标的最小值和最大值，$k = 1/\ln m$，其中 m 为评价年数。

2. SNA：城镇空间治理网络关联结构评价

网络发育水平及节点中心度是衡量网络关联结构特征的重要指标。从主流测度模型及方法比较看，基于引力模型的 SNA 被广泛运用于城市网络组织的空间结构刻画[234-236]。本书将利用引力模型构建各节点的治理强度关联矩阵，进而采用 SNA 测度网络发育结构的各项指标。

（1）构建基于引力模型的治理强度关联矩阵

根据经济引力论，不同地区间的经济存在相互作用关系，强度呈现随距离拉大而不断衰减的规律，且呈现复杂的网络结构特征。本书采用修正的引力模型来识别城镇空间治理相互作用关系，假设前提包括以下三点：一是将京津冀及周边地区视为封闭的独立区域系统；二是假定治理强度相互作用关系仅发生在两个城市间，不考虑多个城市的共同作用；三是以城市表征城镇空间治理网络体系中的节点。计算模型如下：

$$F_{ij} = k Q_i Q_j / d_{ij}^{\lambda} \qquad (式4-7)$$

其中，F_{ij} 指 i 和 j 区域城镇治理强度间的引力值；Q_i 和 Q_j 分别指 i 和 j 区域城镇空间治理强度值；d_{ij} 为用经纬度计算的 i 和 j 区域间的地理中心距离；k 为引力常数；λ 为距离衰减指数。借鉴李博雅[237] 的研究成果，设定 $k=0.2$、$\lambda=2$。引力模型反映出影响城镇空间治理相互作用关系的两大因素，即治理强度和地理距离。

（2）测算基于 SNA 的城镇空间治理网络关联度

构建 30×30 的城镇空间治理关联共现矩阵。选取治理强度关联矩阵的各行均值作为阈值并对比，若行内数值高于阈值，则记作 $a_{ij}=1$，表示该行特定单元的两个区域存在空间相互作用；若行内数值低于阈值，则记作 $a_{ij}=0$，表示该行特定单元的两个区域不存在空间相互作用，进而构建一个 30×30 的 0~1 空间关联共现矩阵：N = $\left[a_{i,j}\right]$（i = 1，2，…，n；j = 1，2，…，n），形成各空间单元相互影响的集合，进而运用区域整体及内部构成的空间关联网络的结构特征进行 SNA 分析[238]。

第一，在总体结构特征方面，主要测度网络密度和聚集系数。网络密度指网络中各节点关联的紧密度，网络密度越大，说明城镇空间治理的网络关联度越高，网络关联结构越紧密。式 4-8 中，n 表示网络中的节点数，n（$n-1$）表示各节点间最大可能关系数，m 为网络实际关系对总数。

$$D = \frac{m}{n(n-1)} \qquad (式4-8)$$

聚集系数用于分析网络中各节点联系的疏密程度，聚集系数越大，各节点信息互通频率越高。先计算各节点的聚集系数（见式 4-9），再计算网络总体的聚集系数（见式 4-10）。式 4-9 中，d（i）是节点的度数，N（i）是节点的邻居节点集合，E 是网络中联系对的集合，e（i，j）表示每对节点的联系。

$$C_v = \frac{2\left|U_{x,y \in N(i)} e(i,j)\right|}{d(i)\left[d(i)-1\right]} : e(i,j) \in E \qquad (式4-9)$$

$$\overline{C} = \frac{1}{n}\sum_{i=1}^{n} C_i \qquad (式4-10)$$

第二，在中心性结构特征方面，主要测度 3 种中心度。关联网络中节点的中心度能够准确反映节点在网络内的地位。中心度有绝对和相对之分，本书主要用点度中心度、接近中心度和中间中心度来反映。

点度中心度主要依据样本在网络中的关联数来近似表征节点在网络中的中心位置程度，分为绝对点度中心度 [C_{AD} (i)] 和相对点度中心度 [C_{RD} (i)]。在有向网情形下，绝对点度中心度是某节点的点入度 [C_{ED} (i)] 与点出度 [C_{OD} (i)] 之和。点入度指进入该点的其他点的关系数，点出度指从该点出发连接到其他点的关系数。相对点度中心度指节点的绝对点度中心度与各节点间最大可能关系数之比。

接近中心度用来表示一个节点不受其他节点控制的能力。在网络中，一个节点的接近中心度越高，越容易与其他节点产生关联关系，该节点越接近网络中的中心地位，区域整体越趋向于多中心网络关联结构。接近中心度计算方法见式 4-11，为便于计算，将指数值扩大至 0~100，其中 d_{ij} 为节点 i 到节点 j 的捷径距离，C_{AP} 表示节点与其他节点的捷径距离之和。

$$C_{AP} = 100 / \sum_{j=1}^{n} d_{ij} \tag{式 4-11}$$

中间中心度用来反映节点对其他节点的控制力，一个节点的中间中心度越高，该节点控制其他节点的能力越强。式 4-12 中，C_{AB} 表示通过节点 i 的全部点对合计后的结果。

$$C_{AB} = \sum_{j}^{n} \sum_{k}^{n} g_{jk} \tag{式 4-12}$$

在数据来源方面，本书在城镇空间治理方面的研究所用数据来自相关年份《中国城市建设统计年鉴》《北京统计年鉴》《天津统计年鉴》《河北统计年鉴》《山西统计年鉴》《山东统计年鉴》《河南统计年鉴》，以及京津冀及周边 30 个城市的经济和社会发展统计公报，少数缺失数据运用插补法补齐。治理强度及网络结构测度主要运用 Matlab2018a 和 Ucinet6 实现操作。

4.1.2　城镇空间治理强度综合评价[①]

自 2019 年《意见》出台以来，地方政府出台了相应政策，在落实国家

---

① 根据 2007~2017 年京津冀及周边 30 个城市城镇空间治理强度指数（见附表 1）的数据特征，本书以 ArcMap10.4.1 的自然间断点分级法（Jenks）为主要依据，对指数结果进行等间隔划分，并以 2007 年为基准对标 2012 年、2017 年及 2007~2017 年均值进行 GIS 可视化制图。

政策过程中逐步形成一套完善的治理体系。从国家层面看,《关于在国土空间规划中统筹划定落实三条控制线的指导意见》明确要通过划定"三线"布局生态、农业、城镇 3 类空间单元,并提出城镇开发边界要以绿色集约为目标。从省级层面看,各省份均出台了相应的落实方案。如《北京城市总体规划（2016—2035 年）》《天津市人民政府关于实施"三线一单"生态环境分区管控的意见》《河北省国土空间规划（2021—2035 年）》《山西省国土空间规划（2020—2035 年）》《山东省国土空间规划（2021—2035 年）》《河南省市级国土空间总体规划编制导则（试行）》等。从地市层面看,截至 2021 年 6 月,唐山、济南、滨州、郑州、沧州、承德、廊坊、开封等地编制了国土空间总体规划并向社会公众征求意见,邯郸已颁布政策强化空间规划监管。这一方面体现出"国家—省—市—区县"的国土空间规划体系正在逐步形成,空间治理体系趋向完善;另一方面从政策内容上体现出国土空间规划的重点是划定"三线",同时各地区要求从生态功能、环境质量、资源利用 3 个方面严格遵循和落实生态文明建设要求。而根据自然资源部、生态环境部的相关政策文件精神[①],生态功能修复聚焦"山水林田湖草"生命共同体的保障和价值修复,环境污染规制侧重大气、土壤的污染防治,资源利用管控则侧重土地、矿产等资源的循环高效利用。三者内部存在关联,需要统筹多元主体,制定多维度协同治理措施,形成完善的空间治理体系。

从时间维度看,京津冀及周边 30 个城市的城镇空间治理强度总体呈现先降后增的"U"形变动态势。2007 年和 2017 年的城镇空间治理强度指数总体高于 2012 年,其中北京、天津等城市呈现先降后增的"U"形变动态势,新乡、菏泽、沧州等城市相对稳定。这说明 30 个城市治理手段的稳定性和系统性存在差异。

从空间维度看,京津冀及周边 30 个城市的城镇空间治理强度总体呈多层"核心—外围"格局,内部差距较大。一是北京城镇空间治理强度最高。从区域整体看,2007~2017 年北京城镇空间治理强度指数处于核心引领地位。二是形成以高行政级别城市或经济重镇为中心的局域性治理"极化区"。从

---

① 相关文件主要包括《中共中央关于全面深化改革若干重大问题的决定》《国家生态保护红线—生态功能基线划定技术指南（试行）》等。

细分区域看，北部以京津为"极化区"，中部以邯郸、聊城、石家庄为"极化区"，东部以淄博、济南为"极化区"，西部以太原为"极化区"，南部以郑州为"极化区"。这说明京津冀及周边地区基本形成以北京、天津为核心，各直辖市、省会城市和经济发展较快区域为次级中心，其他城市为外围地区的相对稳定的城镇空间治理格局，且区域内部治理强度差异相对较大。

4.1.3　资源利用管控的现状及成效

4.1.3.1　城镇空间开发边界演变特征①

从时间维度看，京津冀及周边 30 个城市的城镇空间面积总体上呈现持续扩张态势，但扩张的增速趋缓。根据土地利用类型和地表覆被状况的影像解析结果，区域整体城镇建设用地面积从 2007 年的 17592.21 平方公里扩张到 2018 年的 29281.95 平方公里，增幅达到 66.45%。城镇化是经济集聚的必然趋势和重要的空间利用模式，但城镇建设用地无序扩张必然占据耕地、生态用地，造成区域生态系统被破坏。限制城镇空间开发边界的政策虽然在一定程度上抑制了经济增长，但从保护生态完整性和粮食安全的视角来看，有利于促进国土空间开发格局协调优化，强化对生态用地、耕地的保护。《全国土地利用总体规划纲要（2006—2020 年）》提出"从严控制建设用地总规模，加强建设用地空间管制，严格划定城乡建设用地扩展边界，控制建设用地无序扩张"。但由于缺乏边界划定的具体任务指标，建设用地需求仍呈扩大态势。2014 年 7 月，住房和城乡建设部、国土资源部共同确定了北京、郑州等 14 个城市作为划定城镇开发边界的首批试点城市，伴随城镇开发边界划定工作的开展，城镇空间向外蔓延的速度开始呈现下降态势。然而，城镇空间开发强度尚未形成统一的标准。虽然国际上提出了一般性标准、开发强度警戒值，但由于不同城市发展阶段不同，所需城镇空间面积有所差别，难以形成绝对统一的标准。并且，城镇空间边界管控的重点是避免建设用地的过

---

① 本节利用欧空局（SNAP）300m 全球陆地覆盖数据对地表覆被状况（LCS）、土地利用类型（LUT—Urban）进行影像解析，得出 2007 年、2012 年和 2018 年 3 个时间节点的京津冀及周边 30 个城市城镇建设用地面积即城镇空间面积的变化情况，详见 http://maps.elie.ucl.ac.be/CCI/viewer/index.php。

度开发、无序开发，即开发强度增速趋缓甚至下降[239]。

从空间维度看，受经济发展水平、行政等级和建设用地审批制度的影响，京津冀及周边地区城镇建设用地呈现"以京津为中心，以省会及主要经济城市为极点，以外围边缘区为腹地"的扩张格局。首先，京津两地城镇建设用地开发水平相对较高，但开发强度明显下降。其次，省会城市及经济发展较快区域城镇空间扩张幅度较大，但增速趋缓。最后，各级城市从核心区域向近郊、远郊、农村区域进行城镇建设用地布局与扩张。无论是哪个行政层级的城市，经济发展水平的提升往往得益于城镇建设用地的供给，城镇建设用地扩张为城市经济集聚提供空间载体，而经济集聚又反向推动城镇建设用地扩张，形成"用地供给—土地财政—经济发展"的固有路径。在经济集聚与升级的过程中，城镇边界向外蔓延虽是客观结果，但无序蔓延模式导致更多的耕地被占用，破坏了主体功能区的功能协调，亟须依靠边界治理手段限制这种无序蔓延的趋势。总的来说，城镇空间边界限制政策效果已见成效，京津冀及周边地区的城镇建设用地供给虽然仍有增加，但增量已经呈现下降态势。

4.1.3.2 循环经济治理举措及强度

城镇空间治理强调对资源的节约、集约、高效和生态化利用，即构建资源集约、清洁生产、高效回收再利用的循环经济模式，以降低投入成本，最大限度地节约集约利用资源、提高资源利用效率。

从国家层面看，循环经济成为经济转型的重要导向并具备法律依据。如2003 年开始实施的《中华人民共和国清洁生产促进法》明确要限期淘汰浪费资源和严重污染环境的落后技术、设备、产品，以制度约束促进生态环境保护型、资源节约型产品的供给；2009 年开始实施的《中华人民共和国循环经济促进法》明确要建立资源利用总量调控制度，制定资源品节约利用阶梯价格政策，鼓励使用无毒无害的固体废物生产建筑材料，加强工业固体废弃物的循环利用；2020 年 4 月修订的《中华人民共和国固体废物污染环境防治法》明确要加强对工业固体废物的防治与监管，应以减量化、资源化和无害化的方式降低工业固体废物产生量，提高工业固体废物资源的综合利用效率。此外，2020 年出台的《关于进一步推进生活垃圾分类工作的若干意见》明确地级市要建立生活垃圾分类投放、分类收集、分类运输、分类处理系统及法律制度体系。

从地区落实情况看，各地区制定了相关的法规、行动方案或行政条例，落实了国家层面的法律要求。在工业固体废物综合利用方面，郑州出台了《关于支持工业资源综合利用基地建设若干政策的意见》；在生活垃圾无害处理与循环利用方面，《关于修改〈北京市生活垃圾管理条例〉的决定》《郑州市落实生活垃圾分类全覆盖打造收运处理体系全链条三年行动方案（2020—2022年）》等政策文件旨在从生活垃圾的分类、源头减量、末端回收利用等方面提高生活垃圾无害化处理与利用水平。

1. 工业固体废物综合利用率

从时间维度看，京津冀及周边30个城市的工业固体废物综合利用率总体平稳。从离差系数结果看，大部分城市的波动性整体偏低，维持在0.1及以下的水平。这说明2007～2017年30个城市的工业固体废物综合利用率相对平稳。受技术条件的制约，工业固体废物综合利用呈现成本高、周期长、水平偏低等特点，在存在技术升级路径依赖的城市中，若未发生技术转移、内部升级或外部正向冲击，工业固体废物综合利用能力相对稳定。

从空间维度看，京津冀及周边城市的工业固体废物综合利用率整体呈现"中部、东南高—西北低"的空间特征。受地区经济发展水平和技术条件的影响，不同城市的工业固体废物综合利用率参差不齐，且资源型城市的工业固体废物处理模式及综合利用水平往往具有区域特征，对政策的响应能力有待增强。

2. 生活垃圾无害化处理利用率

从时间维度看，京津冀及周边30个城市的生活垃圾无害化处理利用率较高且提升较快。从2007～2017年的平均水平看，30个城市中有13个城市已超过95%，21个城市超过90%。生活垃圾无害化处理主要包括填埋处理、焚烧处理、堆肥处理3种方式。《"十三五"全国城镇生活垃圾无害化处理设施建设规划》中明确提出生活垃圾无害化处理的配套投资计划，重点支持焚烧处理和堆肥处理，促进生活垃圾的资源化，为城市电力、供暖、工农业生产提供动力来源。京津冀及周边地区出台了一系列支持方案，持续加大财政支持力度，推动生活垃圾的循环利用[240]。

从空间维度看，京津冀及周边 30 个城市的生活垃圾无害化处理利用能力已趋向均衡发展，省会及经济强市已初步具备龙头企业集聚态势。由于生活垃圾填埋处理容易造成地下水、土壤等二次污染及"垃圾围城"的困境[241]，2016 年出台的《"十三五"全国城镇生活垃圾无害化处理设施建设规划》、2018 年出台的《生活垃圾焚烧发电建设项目环境准入条件（试行）》、2020年出台的《关于全面加强生态环境保护 坚决打好污染防治攻坚战的意见》均明确提出要推动生活垃圾焚烧发电，促进生活垃圾的资源化利用。在 2021 年中国生活垃圾焚烧发电厂企业 100 强，30 个城市共有 16 家企业上榜，其中北京 6 家、天津 2 家、河北 4 家（分别位于保定、唐山、沧州）、山东 2 家（分别位于济南、淄博）、山西 1 家（位于太原）、河南 1 家（位于郑州）①。龙头企业能够带动相关产业形成集聚态势，从而有效提升垃圾资源化利用水平。但目前研究区域内生活垃圾焚烧发电龙头企业仍主要集聚于省会城市或经济强市，边缘城市集聚度、地区间协同处理能力明显不足。

4.1.4 生态功能修复的现状及成效

生态功能修复是重塑城市绿色宜居生态格局、恢复城镇空间生态系统完整性的重要治理手段。而从土地利用价值视角看，城市建设用地起初也是具有较高价值的生态用地或可耕地，城镇化导致大量生态用地转为城镇建设用地，山水林田湖草等生态产品为城镇化提供物质资料来源，土地的生态价值大幅转为经济价值，这就造成了土地自然属性和社会属性的失衡。因此，城镇空间治理要恢复城镇空间的生态价值，重塑水清草绿的城镇生态空间格局。

第一，有序扩大城市绿地面积、提升建成区绿化率是修复城镇空间生态价值的有效手段。从国家层面看，《国务院关于加强城市绿化建设的通知》《城市绿地系统规划编制纲要（试行）》《城市绿地规划标准》《城市绿化条例》等政策文件相继出台，明确提出提升城市绿化水平、构建城市绿地系统是调节区域气候、涵养水土、吸纳污染物、美化环境、改善城市生态、促进

---

① 根据中国电力网公布的数据整理。

经济社会可持续发展的有效途径。通过优化城市用地结构，增加公园绿地、防护绿地及附属绿地，以扩大城市绿化用地面积、提高绿化用地比例，建成以"绿环、绿廊、绿带"为主体的城市绿地生态系统。从地区层面看，各地在绿地生态系统构建方面已出台系列支持政策。如北京、石家庄、衡水等地均出台了相应的城市绿地系统规划，具体从城市绿地分类、绿化景观设计、绿道绿廊布局、植物树种与生物多样性保护、绿化资金与管理保障等多个方面入手，因地制宜地提出了建成区绿化率、人均绿地面积等指标，以实现打造高品质的绿地系统、提升建成区绿化水平、促进城市生态效益提升和绿地生态功能修复的最终愿景。

第二，强化城镇污水治理始终是保护和恢复城市水生态功能的重要内容。从国家层面看，水生态治理始终是国家高度重视的领域。1984年，全国人大审议通过了《中华人民共和国水污染防治法》，以法律手段明确政府、企业和公民的水污染防治责任，通过兴建污水治理设施"治理城镇工业污水、生活污水和农业面源污水，防治水污染、恢复水生态"；2004年出台的《关于加强城镇污水处理厂运行监管的意见》明确了污水处理厂的企业实体化地位，有效提高了城镇污水的处理效率和治理能力；2007年，《全国城镇污水处理信息报告、核查和评估办法》出台，"全国城镇污水排放管理系统"建立，有力地推动水生态治理迈向信息化阶段；2015年出台的《关于印发"十三五"生态环境保护规划的通知》再次强调"完善城镇污水处理系统、促进水生态系统恢复"；2018年出台的《城镇污水水质标准检验方法》、2019年出台的《关于印发城镇污水处理提质增效三年行动方案（2019—2021年）》提出加快城镇污水集中处理设施的建设与改造，达到地级以上城市建成区"零直排"的目标。从地区层面看，各地在水生态治理方面已出台系统性的政策措施。例如，北京、天津、河北、石家庄、张家口、唐山、阳泉、德州等出台了各自的城镇污水处理提质增效行动方案、城镇污水处理厂管理办法，主要从污水处理设施建设、排水管网建设、河道清淤、绿化带建设、跨河域协同治理机制构建等方面加快区域水生态系统价值修复，实现国家的水生态治理目标。

4.1.4.1 建成区绿地面积占比

从时间维度看，京津冀及周边 30 个城市的建成区绿地面积占比整体呈现提高态势，这说明城市对绿化的需求逐步提高，绿化供给能力逐步增强。

从空间维度看，京津冀及周边 30 个城市的建成区绿地面积占比差距持续缩小，占比相对较低的地区不断追赶，绿地生态系统完整性得到有效增强。

4.1.4.2 城镇污水处理厂集中处理率

从时间维度看，京津冀及周边 30 个城市的城镇污水处理厂集中处理率快速提升，说明京津冀及周边 30 个城市对水生态治理的重视程度不断提升。

从空间维度看，京津冀及周边 30 个城市的城镇污水处理厂集中处理率差距持续缩小，但跨流域协同治理机制亟待建立，尤其是海河流域生态治理效果有待提升。

4.1.5 环境污染规制的现状及成效

环境污染规制是对不当经济行为产生的环境负外部性的治理。从国家层面看，2014 年 4 月新修订的《中华人民共和国环境保护法》明确提出环境保护规划的内容应当包括生态保护和污染防治的目标、任务、措施等，并与主体功能区规划、土地利用总体规划和城乡规划等衔接。针对京津冀及周边地区的大气污染问题，自 2017 年以来连续出台的京津冀及周边地区大气污染综合治理攻坚行动方案提出运用价格调节机制、行政干预手段、激励政策措施等，调整能源利用、企业生产的成本和时间，提高企业大气污染治理积极性，达到治理大气环境的目标。

从地区层面看，各地均出台了相应的环境污染规制以落实国家的目标要求。如 2015 年出台的《北京市人民政府办公厅关于推行环境污染第三方治理的实施意见》明确提出要以市场化、专业化、产业化为导向建立排污者付费、第三方治理的治污机制，制定更加严格的大气污染排放标准，提升环境污染治理效率和水平；2021 年天津出台《关于构建现代环境治理体系的实施意见》，提出从明确党政领导责任和企业主体责任、完善全民行动体系和环境治理监管体系及创新市场治理模式等方面构建现代环境治理体系；2016 年出台的《济宁市大气污染防治条例》明确提出建立以政府为主导、以企业为主体、行业监管、部门协同、公众参与的综合治理模式；2019 年出台的《新乡市大气污染防治条例》提出完善大气质量补偿机制和绿色环保调度机制，通过利用新能源、优化产业结构等方式，控制煤炭等黑色能源消费，达到降低大气污染水平的目标。

1. 工业 SO_2 去除率

从时间维度看，京津冀及周边 30 个城市的工业 SO_2 去除率大幅提高。2007 年去除率超过 80% 的城市只有 1 个，2017 年去除率超过 85% 的城市共有 21 个，超过 70% 的城市共有 27 个。

从空间维度看，京津冀及周边 30 个城市的工业 SO_2 去除率差距呈缩小态势，空间差异系数从 2007 年的 0.457 下降到 2017 年的 0.113，说明工业 SO_2 去除率的空间差距逐步缩小。

2. 工业烟（粉）尘去除率

从时间维度看，京津冀及周边 30 个城市的工业烟（尘）去除率始终居于高位。自 2007 年以来，30 个城市的去除率始终高于 90%，说明 30 个城市的工业烟（粉）尘治理强度较为稳定。

从空间维度看，京津冀及周边 30 个城市的工业烟（粉）尘去除率差距甚微。2007~2017 年，空间差异系数为 0.010，说明城市间的工业烟（粉）尘去除能力与治理强度相差不大。

4.1.6 城镇空间治理网络关联特征

1. 整体特征分析

京津冀及周边地区城镇空间治理网络关联水平总体趋于稳定。从网络密度看，2007~2017 年保持在 0.2300 左右的水平，2017 年为 0.2356，较 2007 年提高了 0.0080，说明网络关联总体趋于紧密，但仍处于低水平阶段。从网络聚集系数看，2007~2017 年保持在 0.5900 左右的水平，2017 年为 0.6071，较 2007 年提高了 0.0234，说明各节点的城镇空间治理互动趋于频繁，信息要素流动更加迅速（见图 4-1）。

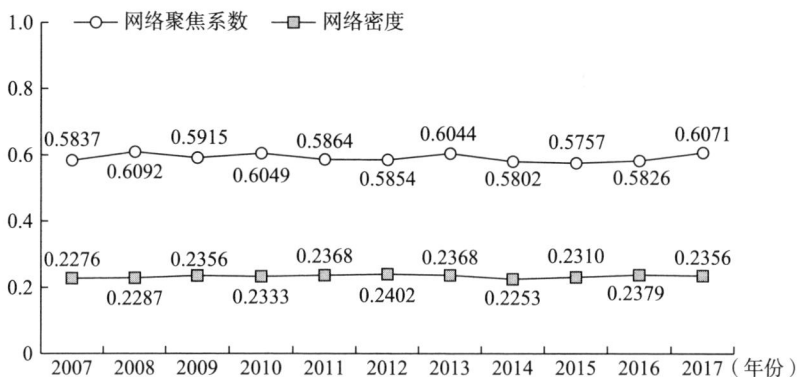

图 4-1　2007~2017 年京津冀及周边地区城镇空间治理网络关联水平

资料来源：笔者自制。

2. 中心特征分析

京津冀及周边地区城镇空间治理网络关联趋向"多中心"格局（见图 4-2）。从点度中心度看，行政级别较高或工业化程度较高的城市高于均值，说明行政级别、工业化程度是城镇空间治理网络关联格局的基础，治理通过关联网络发挥外溢效应。从接近中心度看，2017 年大于 50 的城市有 6 个，

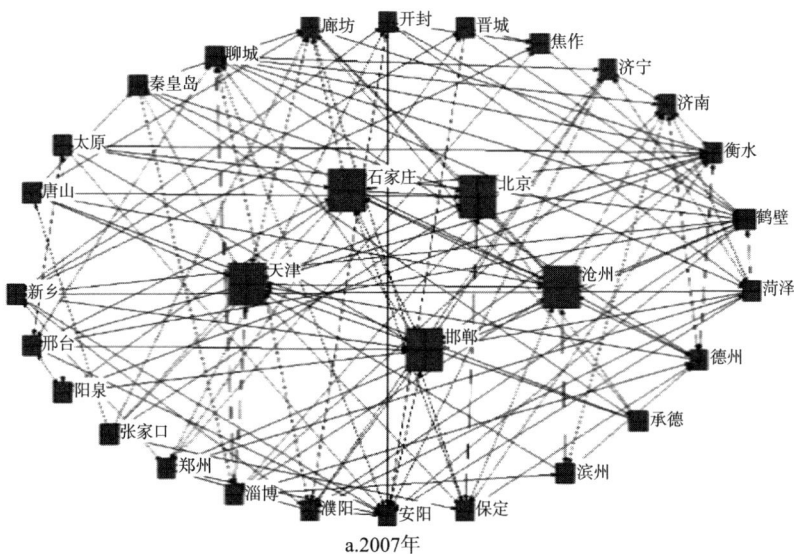

a.2007年

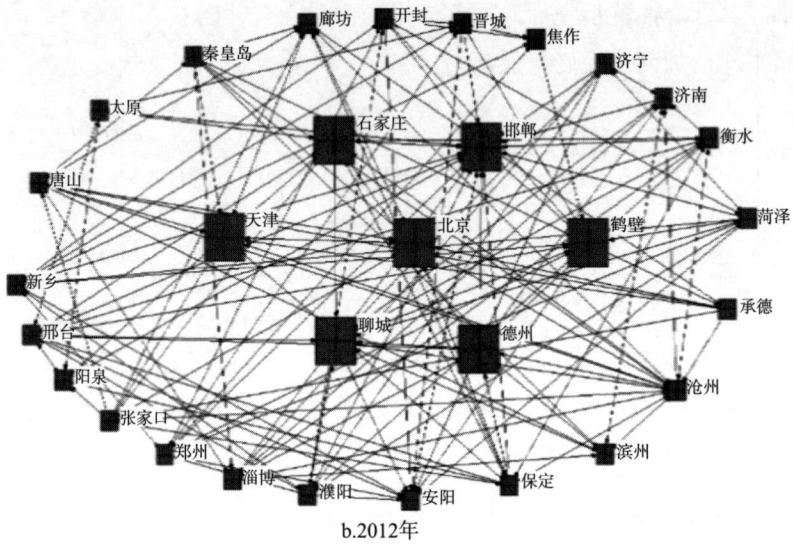

b.2012年

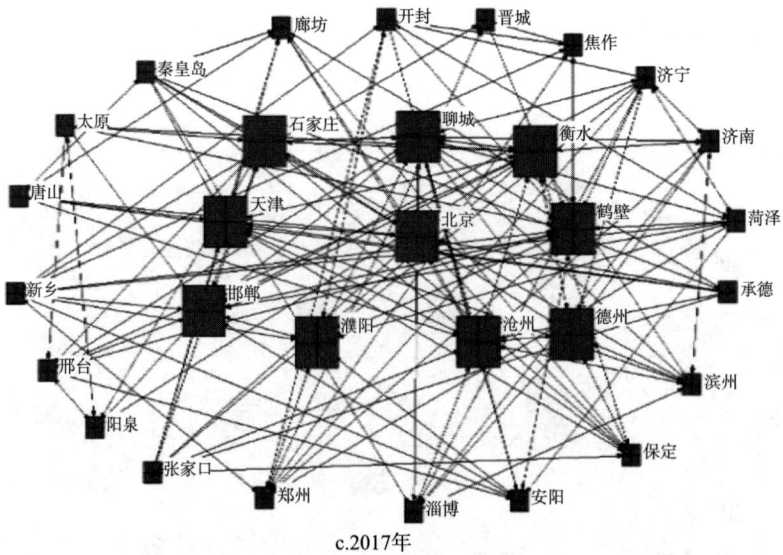

c.2017年

图4-2　2007年、2012年和2017年京津冀及周边30个城市城镇空间
治理强度网络关联

资料来源：笔者自制。

比 2007 年增加了 4 个；大于 40 的城市有 18 个，比 2007 年增加了 1 个。接近中心度越高，说明城市在网络中的中心地位越高，这反映了京津冀及周边地区城镇空间治理网络关联更加趋向"多中心"格局。从中间中心度看，石家庄、邯郸、沧州、聊城、鹤壁、濮阳较高，在网络关联中更多地发挥着中间节点作用。

4.2 绿色经济效率现状分析

4.2.1 指标选取

绿色经济效率同时考虑资源投入、经济产出的正效应和负效应，反映城市经济绿色发展水平。从"投入—期望产出"的角度看，绿色经济效率体现了经济运行中资源要素的投入利用率；从"投入—非期望产出"的角度看，绿色经济效率综合考虑了不当的经济活动对生态和环境造成的不利影响。目前学界对绿色经济效率的指标选取较为一致，通过借鉴学者的研究成果，本书拟从投入、期望产出和非期望产出三个方面选取相应的指标（见表 4-2）。

表 4-2 绿色经济效率评价指标体系

类别	目标层	指标层	指标解释
投入指标	劳动力投入	年末从业人员数（人）	反映劳动力投入情况
	资本投入	资本存量（万元）	反映资本投入情况
	能源投入	供水总量（万立方米）	反映能源投入情况
		全社会用电量（万千瓦时）	反映能源投入情况
产出指标	期望产出	GDP（万元）	反映城市经济产出的正效应
	非期望产出	工业 SO_2 排放量（吨）	反映城市经济产出的负效应
		工业烟（粉）尘排放量（吨）	反映城市经济产出的负效应

资料来源：笔者自制。

投入指标聚焦劳动力、资本和能源的投入情况：选取年末从业人员数反映劳动力投入情况；选取全社会固定资产投资并转化为资本存量反映资本投入情况，具体做法是运用永续盘存法①，以 2007 年为基期来估计资本存量；选取供水总量和全社会用电量反映能源投入情况。

期望产出指标聚焦经济产出情况，以 2007 年为基期用居民消费价格指数（CPI）对名义 GDP 进行平减，转化为实际 GDP。

非期望产出指标聚焦经济运行负效应的产生情况：借鉴杨龙、胡晓珍[39] 及钱争鸣、刘晓晨[243] 等学者对非期望指标的选取，结合本书的研究主题及指标类型选取限制，同时为了追求指标选取的全面性并避免指标间的多重共线性，选取工业 SO_2 排放量、工业烟（粉）尘排放量作为非期望产出指标。

4.2.2　测度方法

DEA 是效率分析的有效工具。从概念层面，DEA 决策理念来自工学中的热能效率，结合经济学生产函数理论，实现对决策单位生产能力的分析和非效率单位的识别；从计算层面上，方法主要基于运筹学中的线性规划。相较于随机前沿模型（SFA），DEA 具备以下四个方面的优势：一是在指标选取方面，更适合"多投入—多产出"的效率分析；二是在数据分布方面，无须对样本数据的分布特征做出限制性假设；三是在函数形式设置方面，可运用 C^2R、BC^2、SBM、EBM 等模型对效率值进行直接计算，并根据需要扩展函数形式；四是在权重设置方面，可以根据模型对数据进行无量纲客观赋权，结果更可靠。基于非期望产出，有学者构建了一种同时包含径向和非径向两类距离函数的混合模型，该模型中有一个 ε 参数，故被称为 EBM模型：

$$\gamma' = \min\theta - \varepsilon_x \sum_{i=1}^{m} \frac{w_i s_i^-}{x_{ik}} \qquad \text{（式 4-13）}$$

---

① 具体做法：$K_t = K_{t-1}(1-\delta) + I_t$，$K_0 = \dfrac{I_0}{g_i + \delta}$。其中，折旧率 δ 设定为 9.6%；K_t、K_{t-1} 分别代表 t 时期和 $t-1$ 时期的资本存量，I_t 代表 t 时期的全社会固定资产投资，K_0 为基期的资本存量，g_i 为研究期内全社会固定资产投资的平均增长率。

$$\text{s. t.}\begin{cases} \sum_{j=1}^{n} x_{ij}\lambda_j + s_i^- = \theta x_{ik}, i = 1,2,\cdots,m \\[3mm] \sum_{i=1}^{n} y_{rj}\lambda_j \geqslant y_{rk}, r = 1,2,\cdots,s \\[3mm] \lambda_j \geqslant 0, s_i^- \geqslant 0 \end{cases} \qquad (\text{式 } 4\text{-}14)$$

式中，γ' 为规模报酬可变情况下的最佳效率；s_i^- 为投入要素 i 的松弛变量；j 为决策单元；n 为决策单元总数；w_i 为投入指标的重要程度，其满足 $\sum_{i=1}^{m} w_i^- = 1$；x_{ik} 和 y_{rk} 分别为决策单元 k 的第 i 类投入和第 r 类产出；m 和 s 分别为投入和产出数量；θ 为径向部分的规划参数；λ_j 为线性组合系数；ε_x 为关键参数，满足 $0 \leqslant \varepsilon_x \leqslant 1$。由于把非期望产出纳入测算框架，需要把式 4-14 的 EBM 模型扩展成基于非期望产出的 EBM 模型：

$$\gamma' = m\frac{\theta - \varepsilon_x \sum_{i=1}^{m} \dfrac{w_i^- s_i^-}{x_{ik}}}{\varphi + \varepsilon_y \sum_{r=1}^{5} \dfrac{w_r^+ s_r^+}{y_{tk}}} + \varepsilon_b \sum_{p=1}^{q} \frac{w_p^{b-} s_p^{b-}}{b_{pk}} \qquad (\text{式 } 4\text{-}15)$$

$$\text{s. t.}\begin{cases} \sum_{j=1}^{n} x_{ij}\lambda_j + s_i^- = \theta x_{ik}; i = 1,2,\cdots,m \\[3mm] \sum_{j=1}^{n} y_{rj}\lambda_j - s_r^+ = \varphi y_{ik}; r = 1,2,\cdots,s \\[3mm] \sum_{p=1}^{n} b_{ij}\lambda_j + s_p^{b-} = \varphi b_{pk}; p = 1,2,\cdots,q \\[3mm] \lambda_j \geqslant 0, s_i^-, s_r^+, s_p^{b-} \geqslant 0 \end{cases} \qquad (\text{式 } 4\text{-}16)$$

式中，s_r^+ 为第 r 类期望产出的松弛变量；s_p^{b-} 为第 p 类非期望产出的松弛变量；w_r^+ 和 w_p^{b-} 分别为两者的指标权重；ε_y 为关键参数；φ 为产出扩大比；b_{pk} 为决策单元 k 的第 p 类非期望产出；q 为非期望产出数量。

4.2.3　数据来源

本书在绿色经济效率测度方面的研究所用数据来自相关年份《中国城市统计年鉴》《中国城市建设统计年鉴》，京津冀及周边 30 个城市的经济和社

会发展统计公报及统计年鉴，缺失数据运用插补法补齐。计算工具为 Max-
DEA 8.0。

4.2.4 结果分析

1. 区域绿色经济效率

京津冀及周边地区的绿色经济效率整体呈现微弱的上升态势，从 2007 年
的 0.7552 上升到 2017 年的 0.8458。若从阶段进行划分，可将研究期的绿色
经济效率划分为 3 个阶段：2007～2010 年保持在 0.7700 左右；2011～2016 年
先升至 0.8284，后下降到 0.7707；2017 年提升至 0.8400 以上（见图 4-3）。

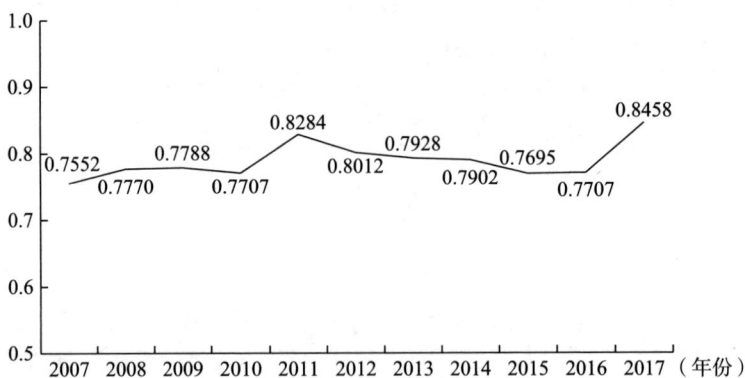

图 4-3 2007～2017 年京津冀及周边地区绿色经济效率

资料来源：笔者自制。

2. 城市绿色经济效率[1]

从时间维度看，京津冀及周边 30 个城市的绿色经济效率整体呈现提升态
势。2007～2017 年，绿色经济效率提升的城市有 22 个，其中增幅最大的为焦
作。从 2007 年看，"东南—西北"的地区性差距显著。一方面，不存在绿
色经济效率为 0.7501～0.9000 的城市；另一方面，绿色经济效率超过
0.9000 的城市有 11 个。而从 2017 年看，绿色经济效率超过 0.7500 的城市

---

[1] 根据绿色经济效率的数据特征，本节以 ArcMap10.4.1 的自然间断点分级法（Jenks）为主要
依据，对指数结果进行等间隔划分，并以 2007 年为基准对标 2012 年、2017 年及 2007～2017
年均值进行 GIS 可视化制图。

有 18 个，郑州、焦作、濮阳等城市已步入 0.7501~0.9000 的中水平阶段，天津、聊城等城市已步入 0.9001~1.0500 的高水平阶段，区域整体的绿色经济效率呈提升态势，"东南—西北"的地区性差距缩小。

从空间维度看，一是北京的绿色经济效率最高，居于核心引领地位。2007~2017 年北京绿色经济效率的均值为 1.1469，居于 30 个城市首位。二是呈现"东南高—西北低"特征。东部沿海地区的绿色经济效率明显高于西北部内陆地区，2017 年绿色经济效率超过 0.9000 的城市有 12 个，超过 0.7500 的城市有 18 个。从分段结果看，东部、中部、西部 3 个地区呈现明显的"过渡性"，即东部地区高于中部地区，中部地区高于西部地区。而 30 个城市绿色经济效率的空间差异系数从 2007 年的 0.306 下降到 2018 年的 0.229，说明区域内 30 个城市经济绿色发展水平差距有所缩小。

4.3　本章小结

本章在前文理论分析的基础上，分别构建了包括资源利用管控、生态功能修复、环境污染规制的城镇空间治理强度评价指标体系和绿色经济效率评价指标体系，测度京津冀及周边 30 个城市的城镇空间治理强度及绿色经济效率，并运用统计学、GIS 可视化和 SNA 等进行综合分析。

京津冀及周边 30 个城市的城镇空间治理强度总体呈现先降后升的"U"形变动态势和以北京、天津、石家庄等高行政级别城市或经济重镇为核心的多层"核心—外围"格局，内部差距较大，城镇空间治理网络关联趋向"多中心"格局，关联水平有小幅提升。在资源利用管控方面，京津冀及周边 30 个地区的城镇空间开发强度明显下降，说明城镇开发边界管控政策已见成效；工业固体废物和生活垃圾的利用水平不断提升，说明资源循环利用相关政策有力支撑绿色经济转型。在生态功能修复方面，30 个城市的建成区绿地面积占比和城镇污水处理厂集中处理率整体提升，且城市间差距逐渐缩小，说明生态空间修复水平不断提高，生态修复治理政策正在逐步落实。在环境污染规制方面，京津冀及周边 30 个城市工业烟（粉）尘去除率整体较高，工业 SO_2 去除率的空间差距逐步缩小，这说明工业企业转型与清洁生产能力亟待增强，区域环境仍需协同治理。

京津冀及周边地区的绿色经济效率整体呈现微弱的上升态势，30 个城市的绿色经济效率整体呈现时间维度的提升态势和空间维度的"东南高—西北低"特征。

第5章 城镇空间治理对绿色经济效率的影响效果分析

城市绿色经济效率的提升是要素集聚与经济运行的客观结果，其提升程度与城镇空间治理强度密切相关。一般来说，政府政策引导和执法力度越大，倒逼企业绿色转型的效果就越明显，即城镇空间治理强度越高，城市经济向绿色发展转型的成效越明显。在理论部分，本书已提出城镇空间治理能够从资源利用管控、生态功能修复、环境污染规制3个方面提升绿色经济效率，并提出了假设。然而，城镇空间治理强度与绿色经济效率的作用关系是否符合本书的假设？本章将对假设进行实证检验。

5.1 研究设计

目前，学界已对不同空间尺度下绿色经济效率的空间相关性、演化动力、驱动机制等展开了丰富的研究，并从土地资源利用[244]、循环经济[245]、环境规制[246]、产业集聚[247] 等方面对绿色经济效率的影响机制与效果进行详细论证，且普遍提出绿色经济效率具有较强的空间相关性。立足生态文明建设要求和国土空间协同治理的客观需要，城镇空间治理需建立统筹资源利用管控、生态功能修复、环境污染规制的空间管控体系，以综合措施协同管制空间无序利用行为，倒逼城镇经济向绿色转型发展。因此，本书需要构建并科学测度城镇空间治理这一核心解释变量，进而建立其影响绿色经济效率的计量模型，实证检验影响机制与程度。

5.1.1　模型设定

在区域经济问题的研究中，使用传统面板数据模型忽视了随机扰动项存在的空间相关性，容易导致估计结果偏误。特别是在存在要素流动性的开放区域中，绿色经济效率往往存在较强的空间相关性。并且，在本书的假设下，不仅要分析不同空间单元的绿色经济效率是否存在空间溢出效应，还要分析不同空间单元的治理是否同时影响了本地区和邻地的绿色经济效率。Elhorst、Katarina[248] 提出空间杜宾模型能够在不同系数设定条件下，同时检验和估计解释变量自身、解释变量和被解释变量空间滞后项、误差项对被解释变量产生的影响与效应。为了较好地解决个体异质性带来的变量遗漏问题、包含更多的个体静态动态信息、提高估计结果的准确性，本书采用空间杜宾模型定量分析城镇空间治理对绿色经济效率的影响。

Anselin 等[249] 提出了空间滞后模型（Spatial Lag Model，SLM）和空间误差模型（Spatial Error Model，SEM），进而建立同时包含被解释变量和解释变量的空间滞后项的空间杜宾模型（Spatial Durbin Model，SDM），其一般形式为：

$$\begin{cases} Y_{it} = \alpha_0 + \rho \sum_{j=1}^{n} w_{ij} Y_{jt} + \beta X_{it} + \theta \sum_{j=1}^{n} w_{ij} X_{jt} + \mu_i + \sigma_t + \varepsilon_{it} \\ \varepsilon_{it} = \lambda m'_i \varepsilon_t + \nu_{it} \end{cases} \qquad \text{（式 5-1）}$$

其中，Y_{it} 为被解释变量，X_{it} 为解释变量，w_{ij} 为空间权重矩阵，ρ 为被解释变量的回归系数即空间自回归系数，$\rho \sum_{j=1}^{n} w_{ij} Y_{jt}$ 为被解释变量的空间滞后项，θ 为解释变量的回归系数，$\theta \sum_{j=1}^{n} w_{ij} X_{jt}$ 为解释变量空间滞后项的集合，μ_i 为区域 i 的个体效应，σ_t 为时间效应，ε_{it} 为误差项，m'_i 为扰动项空间权重矩阵的第 i 行。由于空间面板模型在普通面板模型的基础上计入空间因素，变量表现为矩阵形式，参数表现为向量形式。根据研究主题的需要，一般形式可根据系数是否为 0 而演化出几种常见模型：若 $\lambda = 0$，则为 SDM；若 $\lambda = 0$ 且 $\theta = 0$，则为 SLM；若 $\rho = 0$ 且 $\theta = 0$，则为 SEM。由于 SDM 存在空间滞后项，其系数估计的数值方向和显著程度依然有效，但数值大小将不再代表自变量对因变量的影响。有学者提出要具体判断本地区的被解释变量在多大程度上受到来自本地区和邻地解释变量的影响，需要基于雅可比行列式，运用偏微分矩阵对总效应进行分解，用直接效应表示某解释变量对本地区被解释变量造成的平均影响（包括本地区解释变量影响周边地区继而产生的本地区的反馈效应），用间接效应表示邻地的解释变量对本地区被解释变量造成的平均影响，以此精确判断变量间的空间交互作用并检验空间溢出效应的存在性。具体计算方法为，先将式 5-1 简化进而变形为微分形式：

$$\Delta y_{it} = (I-\rho W)^{-1}\beta X_{it} + (I-\rho W)^{-1}\theta W X_{it} + (I-\rho W)^{-1}(\mu_i + \sigma_t + \varepsilon_{it}) \qquad (\text{式 5-2})$$

根据偏导矩阵法求得解释变量对被解释变量的直接效应（对角线元素和的均值）和间接效应（非对角线元素和的均值），总效应为直接效应与间接效应之和：

$$\left[\frac{\partial \Delta y_{1k}}{\partial x_1} \cdots \frac{\partial \Delta y_{nk}}{\partial x_n}\right] = (I-\rho w)^{-1}\begin{bmatrix} \dfrac{\partial \Delta y_1}{\partial x_{1k}} & \cdots & \dfrac{\partial \Delta y_1}{\partial x_{Nk}} \\ \cdots & \cdots & \cdots \\ \dfrac{\partial \Delta y_N}{\partial x_{1k}} & \cdots & \dfrac{\partial \Delta y_N}{\partial x_{Nk}} \end{bmatrix}(\beta_k + w\theta_k) \qquad (\text{式 5-3})$$

根据理论框架设计和研究目的，本书在式 5-1 的基础上加入核心解释变量的二次项，构建城镇空间治理影响绿色经济效率的计量模型，具体形式为：

$$GEE_{it} = \alpha_0 + \rho \sum_{j=1}^{n} w_{ij}GEE_{jt} + \beta_1 USG_{it} + \beta_2 USG_{it}^2 + \theta_1 \sum_{j=1}^{n} w_{ij}USG_{jt} + \theta_2 \sum_{j=1}^{n} w_{ij}USG_{jt}^2$$
$$+ \beta' \sum X_{it} + \theta' \sum_{j=1}^{n} w_{ij}X_{jt} + \mu_i + \sigma_t + \varepsilon_{it}$$

$$(\text{式 5-4})$$

其中，i 表示城市，t 表示年份，GEE_{it} 表示某城市某年的绿色经济效率，USG_{it} 表示城镇空间治理强度的一次项，USG_{it}^2 表示城镇空间治理强度的二次项。$\sum_{j=1}^{n} w_{ij}USG_{jt}$ 和 $\sum_{j=1}^{n} w_{ij}USG_{jt}^2$ 分别表示城镇空间治理强度一次项和二次项的空间滞后项，$\sum\limits_{j=1}^{n} w_{ij}GEE_{jt}$ 表示被解释变量的空间滞后项，$\sum X_{it}$ 为控制变量的

集合，$\sum\limits_{j=1}^{n} w_{ij}X_{jt}$ 为控制变量空间滞后项的集合。ρ 为空间自回归系数，β 和 β' 分别为核心解释变量及控制变量的待估系数，θ 和 θ' 分别为核心解释变量与控制变量的空间滞后系数，μ_i 为地区固定效应，σ_t 为时间固定效应，ε_{it} 为随机扰动项。w_{ij} 为包含 i 行和 j 列的空间权重矩阵，常见的有二值邻接矩阵、反距离权重矩阵等。由于邻接矩阵认为不邻接则不存在空间相关性的判定与现实情况背离程度较高，且应用于城市大数据处理时的准确度较低[249]，本书主要采用反地理距离权重矩阵来表征空间相关性，以避免距离和权重带来的误差，空间距离越近往往空间效应越强（见式 5-5），其中，d_{ij} 为利用经纬度计算的各地级市地理中心间的地表距离。

$$W_{ij}=\begin{cases} 0, i=j \\ 1/d_{ij}, i\neq j \end{cases} \qquad （式 5-5）$$

5.1.2　变量选取

被解释变量：绿色经济效率（GEE）。本书采用前文测算的京津冀及周边 30 个城市的绿色经济效率来衡量。数值越大表示城市经济绿色发展水平越高，转型程度也越高。

核心解释变量：城镇空间治理强度（USG）。本书采用前文测算的京津冀及周边 30 个城市的城镇空间治理强度指数来衡量。指数越大，表示空间治理水平越高、对资源无序利用的规制越强。同时，为检验假设 1，本书将引入城镇空间治理强度的二次项以检验其非线性作用形式。

控制变量：考虑到其他的变量会影响绿色经济效率，在相关文献研究的基础上，本书选取一组控制变量，包括产业结构高级化、科技人力资本、信息化水平、城镇化率、收入水平、外商直接投资、消费水平、固定资产投资、公共教育支出。

产业结构高级化（ISU）：产业结构升级对地区绿色经济增长具有正向激励作用[250]。一方面，根据钱纳里的产业结构演化规律，第三产业是产业结

构升级的高级阶段，是工业化后期的主导产业，也是提高经济效率、吸纳就业、支撑绿色发展的主要产业；另一方面，一般制造、初级加工、重化工等第二产业往往是低效率、污染型产业，不利于绿色经济效率提升[128]。基于地级市数据的可得性，借鉴刘玉凤和高良谋[251]与本书研究主题相近的指标测量方法，选用第三产业从业人数/第二产业从业人数反映产业结构高级化水平。

科技人力资本（HCP）：科技人力资本能够显著支撑城市经济绿色发展。传统的生产要素（劳动力、资本、土地）是工业化阶段的主要驱动力，粗放式的投入导致经济效率普遍偏低[252]。人力资本是具有科技创新能力的资源，在工业化后期乃至知识经济时代能实现生产要素的高效组合、技术效率的显著提升，通过替代传统生产要素，以边际报酬递增和产出乘数效应带动经济增长，支撑经济绿色发展[253]。借鉴苏科、周超[254]的测度方法，本书选用高等学校在校生数占地区总人口的比重反映科技人力资本的潜能存量。

信息化水平（INT）：网络数字技术的应用促进实体经济数字化运营，催生共享经济、虚拟消费等"互联网+"新业态。借鉴黄秀路等[255]的指标测度方法，本书选取互联网宽带接入用户数反映信息化水平，并进行对数化处理。

城镇化率（UBR）：城镇化反映了经济与人口集聚水平，不同的集聚水平必然形成不同的空间利用方式与空间破坏程度，进而影响和改变地区的绿色经济效率[127]。本书用城镇常住人口占全市人口的比重反映城镇化水平。

收入水平（LIC）：工资收入代表了劳动力要素价格，地区间劳动力要素价格的差异会引起劳动力的跨地区转移。城镇职工的实际工资水平在一定程度上代表了城镇居民的收入水平，全社会特别是中等收入群体的收入水平越高，对资源集约利用和生态环境保护的支出能力越高[256]，绿色经济效率相对越高。因此，本书用实际职工平均工资反映收入水平，并进行对数化处理。

外商直接投资（FDI）：外商直接投资会增强产业的资源依赖性，通过外溢效应改变产业结构和绿色经济效率。但其对于绿色经济效率的影响效果一般存在正向和负向两种机制。在正向机制方面，外商直接投资与地区经济形成协同集聚效应，通过与本地企业形成上下游产业关联，产生节能减排的技术溢出效应，进而在总体上提升地区绿色经济效率。在负向机制方面，外商直接投资将污染密集型产业和低技术产业转移至相对落后地区，拉低产业结构，降低地区绿色经济效率[257]。借鉴李佳、汤毅[258] 的测度方法，本书采用外商直接投资占 GDP 的比重反映地区吸引外资的水平。

消费水平（CS）：消费是经济增长的驱动力。新发展格局下，应形成绿色低碳消费新模式，培育绿色发展新动能，以改革消费方式引领经济绿色转型，有效增强现代化经济体系韧性。消费规模的改变体现了绿色消费方式的转变，必将对绿色经济转型产生驱动力[259]。本书采用全社会消费品零售额占 GDP 的比重反映消费规模，分析现阶段消费水平是否能支撑绿色经济转型。

固定资产投资（FAI）：投资是经济增长的驱动因素。新发展格局下，绿色经济建设依然需要厂房、机械设备、制造工具等固定资产，且绿色经济投资应更加注重绿色新设备、新基建。本书采用全社会固定资产投资额占 GDP 的比重反映固定资产投资规模，判断现阶段投资是否有利于提升绿色经济效率。

公共教育支出（PEE）：城镇空间绿色转型依赖全社会形成绿色发展的意识，这种意识的形成需要公共教育来宣传绿色发展新理念、新模式，促进全社会形成绿色生产、生活新模式[260]。因此，本书运用教育经费支出占 GDP 的比重反映公共教育对绿色发展的支持作用。各变量的定性描述见表 5-1。

表 5-1　各变量的定性描述

指标类别	符号	变量名称	含义及说明	预期符号
被解释变量	GEE	绿色经济效率	基于第 4 章绿色经济效率评价指标体系，运用 EBM-DEA 模型计算得出，反映经济绿色发展水平	无
核心解释变量	USG	城镇空间治理强度	基于第 3 章城镇空间治理强度评价指标体系，运用熵值法赋权计算得出，反映城镇空间治理强度	非线性

指标类别	符号	变量名称	含义及说明	预期符号
控制变量	ISU	产业结构高级化	用第三产业从业人数/第二产业从业人数反映产业结构高级化水平	正向
	HCP	科技人力资本	用高等学校在校生数占地区总人口的比重反映科技人力资本的潜能存量	正向
	INT	信息化水平	用互联网宽带接入用户数反映信息化水平,对指标进行对数化处理	正向
	UBR	城镇化率	用城镇常住人口占全市人口的比重反映城镇化水平	负向
	LIC	收入水平	用职工平均工资反映收入水平,对指标进行平减转为实际工资并进行对数化处理	正向
	FDI	外商直接投资	用外商直接投资占 GDP 的比重反映地区吸引外资的水平	不确定
	CS	消费水平	用全社会消费品零售总额占 GDP 的比重反映消费规模,判断现阶段消费水平是否能支撑绿色经济转型	不确定
	FAI	固定资产投资	用全社会固定资产投资额占 GDP 的比重反映固定资产投资规模,判断现阶段投资是否有利于提升绿色经济效率	不确定
	PEE	公共教育支出	用教育经费支出占 GDP 的比重反映公共教育对绿色发展的支持作用	不确定

5.1.3 数据说明

本书实证检验所用数据来自相关年份《中国城市统计年鉴》《中国城市建设统计年鉴》,京津冀及周边 30 个城市的经济和社会发展统计公报及统计年鉴,少数缺失数据运用插补法补齐。运用 Stata 14 和 Matlab 2018a 实现操作。

5.2 相关检验

5.2.1 描述性统计分析与方差膨胀因子（VIF）检验

运用 Stata 14 对各变量进行描述性统计分析,并对其多重共线性进行检验。为避免异方差降低数据离散程度,对部分指标进行对数化处理。VIF 均低于 10

的临界值[①]，故后文的回归分析可以忽略多重共线性的问题（见表 5-2）。

表 5-2　各变量的描述性统计分析及 VIF 检验

变量	观测值	均值	标准差	最小值	最大值	VIF
GEE	330	0.6894	0.2999	0.2250	1.4268	—
USG	330	0.4215	0.1312	0.1223	0.8000	1.6800
ISU	330	1.3071	0.7502	0.4217	4.6943	1.4800
HCP	330	2.3894	2.8544	0.1910	16.7322	2.6800
INT	330	4.2203	0.8966	2.2186	7.0942	3.3900
UBR	330	0.5246	0.1362	0.2956	0.8650	6.0800
LIC	330	10.2047	0.3943	9.2963	11.2367	3.7500
FDI	330	1.9080	1.6357	0.0727	11.4481	1.9900
CS	330	0.3752	0.0893	0.0899	0.6045	1.8200
FAI	330	0.6846	0.1923	0.2777	1.1398	1.4800
PEE	330	0.0105	0.0063	0.0019	0.0372	3.7200

资料来源：笔者计算得出。

5.2.2　面板数据单位根与协整检验

1. 面板数据单位根检验

面板数据是一组特定时间内的个体数据，既具有横截面维度的个体特征，又体现时间维度的特征。用面板数据建模往往产生非平稳时间序列导致的"伪回归"问题，因此要对面板数据进行单位根检验和协整检验。本书采用的面板数据结构为"$N=30$，$T=11$"。为保证模型检验的可信度，避免出现"伪回归"问题，本书综合采用 LLC、IPS、ADF 和 PP 等检验方法对面板数据进行单位根检验。结果显示 *ISU*、*INT*、*UBR*、*HCP*、*LIC*、*CS*、*PEE* 等变量是不平稳的，继而对变量的一阶差分项进行单位根检验，结果表明所有变量的一阶差分项均拒绝包含单位根的原假设，可以认为所有的变量均为一阶单整变量（见表 5-3）。

[①]　陈强编著《高级计量经济学及 stata 应用》（第二版），高等教育出版社，2014。

表 5-3　变量的单位根检验

变量	LLC	IPS	ADF	PP
GEE	−61. 9578 ***	−14. 8636 ***	−2. 3554 ***	−2. 8420 ***
ΔGEE	−31. 7336 ***	−11. 7000 ***	−8. 4066 ***	−10. 4462 ***
USG	−6. 641 ***	−2. 9842 ***	−3. 0829 ***	−5. 9095 ***
ΔUSG	−19. 7594 ***	−9. 9377 ***	−10. 4175 ***	−13. 5787 ***
ISU	−1. 6114 **	2. 6483	2. 8072	3. 0187
ΔISU	−9. 0100 ***	−3. 3334 ***	−3. 6491 ***	−4. 3234 ***
INT	−7. 2543 ***	0. 7976	1. 0862	−2. 1220 **
ΔINT	−12. 1161 ***	−6. 4093 ***	−6. 9914 ***	−11. 3935 ***
HCP	−2. 2000 **	0. 9417	0. 8289	1. 7738
ΔHCP	−12. 8455 ***	−6. 1738 ***	0. 8289 ***	−5. 5317 ***
UBR	2. 8535	8. 5572	8. 4147	6. 8740
ΔUBR	−11. 5494 ***	−4. 8882 ***	−5. 4020 ***	−6. 3940 ***
LIC	−4. 6379 ***	3. 0822	3. 4138	0. 0561
ΔLIC	−18. 2089 ***	−9. 3940	−9. 7585 ***	−13. 9359 ***
FDI	−6. 1983 ***	−2. 1853 **	−1. 7960 **	−4. 3512 ***
ΔFDI	−15. 8317 ***	−8. 2953 ***	−7. 9879 ***	−10. 2671 ***
CS	−0. 7834	4. 0135	4. 1455	4. 5679
ΔCS	−18. 6284 ***	−8. 5433 ***	−8. 7179 ***	−11. 4231 ***
FAI	−7. 6639 ***	−1. 9518 **	−2. 0296 **	−4. 8575 ***
ΔFAI	−7. 0279 ***	−3. 3321 ***	−3. 8836 ***	−8. 3279 ***
PEE	−3. 6861 ***	1. 4998	1. 5959	2. 6885
ΔPEE	−18. 1920 ***	−8. 4414 ***	−8. 9617 ***	−11. 6954 ***

注：***、**、* 分别表示 1%、5%、10% 的显著水平。

资料来源：笔者计算得出。

2. 面板数据协整检验

由于变量均为一阶单整变量，需要检验被解释变量与解释变量、控制变量间是否存在长期协整关系。目前学界对于面板数据协整关系的检验方法主要包括 Kao 检验和 Pedroni 检验[261]。这两种方法均以"不存在协整关系"为假设，对变量是否存在长期协整关系进行检验。对面板数据中两个独立的非平稳变量进行参数估计时结果会收敛于零，在时间序列中呈现为随机变量，即对于非平稳的面板数据估计会形成一定程度的标准差偏误进而导致"伪回归"问题，Kao 提出了推广的 ADF 型单位根法，通过构建静态面板回归方程，根据残差统计量进行多元变量间的协整关系检验。Pedroni 提出了异质性面板数据协整关系检验模型，根据包含固定效应和时间趋势项的静态面板回归得出的残差统计量，同样可以检验多元变量是否存在长期协整关系。因此，本书利用 Kao 检验和 Pedroni 检验对变量的一阶差分项进行协整检验。由于本书设计的变量较多，且后文的稳健性检验运用了 SBM-DEA 模型测度因变量，考虑 Eviews 7.2 的可操作性，本书将分别对 EBM-DEA 和 SBM-DEA 的两种模型进行协整关系检验，并将变量分为两组：组 1 为因变量 *GEE* 与 *USG*、*ISU*、*HCP*、*INT*、*UBR* 的协整关系检验结果；组 2 为因变量 *GEE* 与 *LIC*、*FDI*、*CS*、*FAI*、*PEE* 的协整关系检验结果。从表 5-4 看，Kao-ADF、Pedroni-Panel PP、Pedroni-Panel ADF、Pedroni-Group PP、Pedroni-Group ADF 的统计量整体均在 1% 的显著水平下拒绝了"不存在协整关系"的假设，因此可以认为各变量间存在协整关系，不会出现"伪回归"问题。

表 5-4 协整关系检验结果

统计量	EBM-DEA		SBM-DEA	
Kao-ADF	−4.7718[***]		−4.5138[***]	
Pedroni 检验	组 1	组 2	组 1	组 2
Panel PP	−13.0346[***]	−8.9764[***]	−14.3036[***]	−9.5102[***]
Panel ADF	−5.1398[***]	−3.4814[***]	−5.7517[***]	−3.8766[***]
Group PP	−16.5798[***]	−20.0406[***]	−18.7582[***]	−20.9568[***]
Group ADF	−5.7107[***]	−4.7717[***]	−5.2057[***]	−5.5497[***]

注：[***]、[**]、[*] 分别表示 1%、5%、10% 的显著水平。

资料来源：笔者计算得出。

5.2.3 空间自相关与模型形式检验

1. 全局自相关检验

运用全局 Moran's I 对京津冀及周边地区绿色经济效率的空间相关性进行检验。Moran's I 取值为 [−1，1]。Moran's I>0 表示空间存在正相关性，值越大，空间相关性越明显；Moran's I<0 表示空间存在负相关性，值越小，空间差异越大；Moran's I＝0 表示空间呈随机性。

$$
\begin{cases}
Moran's\ I = \dfrac{\displaystyle\sum_{i=1}^{n}\sum_{j=1}^{n} W_{ij}(Y_i - \bar{Y})(Y_j - \bar{Y})}{S^2 \displaystyle\sum_{i=1}^{n}\sum_{j=1}^{n} W_{ij}} \\[20pt]
S^2 = \dfrac{\displaystyle\sum_{i=1}^{n}(X_i - \bar{X})^2}{n}
\end{cases}
\qquad\text{（式 5-6）}
$$

式 5-6 中，S^2 为样本方差，W_{ij} 为京津冀及其周边 30 个城市的空间权重矩阵，本书用车相邻原则定义 W_{ij}，具体形式见式 5-5。

本书运用 EBM-DEA 和 SBM-DEA 两种效率测算方法对京津冀及周边 30 个城市的绿色经济效率进行测度，并对被解释变量进行回归分析，进而对其空间自相关性进行检验。结果显示，2007~2017 年的绿色经济效率 Moran's I 均大于 0，且通过显著性检验。各空间单元绿色经济效率存在正向自相关的集聚特征，并不是随机分布的，说明当单纯考虑绿色经济发展水平而不考虑其作用机制与影响因素时，城市绿色经济效率具有显著的正向空间自相关性，即绿色经济效率较高的城市趋于集聚，在空间上表现出"绿色发展模式"集聚的特征；绿色经济效率相对较低的城市也趋于集聚，在空间上表现出"传统发展模式"集聚的特征。从时间维度看，Moran's I 呈现波动变化特征，2007~2010 年整体呈现下降态势，2011~2015 年整体呈现上升态势，2016~2017 年略有下降。从 Moran's I 来看，京津冀及周边地区的绿色经济效率具有外溢性和正向外部性（见表 5-5、表 5-6）。

表 5-5　　EBM-DEA 空间自相关检验结果

年份	I	E（I）	sd（I）	z	p-value
2007	0.1030	−0.0340	0.0400	3.4520	0.0000
2008	0.0960	−0.0340	0.0400	3.2810	0.0010
2009	0.0810	−0.0340	0.0400	2.8980	0.0020
2010	0.0350	−0.0340	0.0400	1.7360	0.0410
2011	0.1000	−0.0340	0.0400	3.3740	0.0000
2012	0.0900	−0.0340	0.0400	3.1270	0.0010
2013	0.1040	−0.0340	0.0400	3.4920	0.0000
2014	0.1020	−0.0340	0.0390	3.4520	0.0000

续表

年份	I	E（I）	sd（I）	z	p-value
2015	0.1140	−0.0340	0.0390	3.7760	0.0000
2016	0.0700	−0.0340	0.0400	2.6520	0.0040
2017	0.0580	−0.0340	0.0400	2.3210	0.0100

资料来源：笔者计算得出。

表 5-6　SBM-DEA 空间自相关检验结果

年份	I	E（I）	sd（I）	z	p-value
2007	0.0940	−0.0340	0.0400	3.2320	0.0010
2008	0.0800	−0.0340	0.0400	2.8860	0.0020
2009	0.0590	−0.0340	0.0400	2.3440	0.0100
2010	0.0210	−0.0340	0.0400	1.4030	0.0800
2011	0.0830	−0.0340	0.0400	2.9640	0.0020
2012	0.0700	−0.0340	0.0400	2.6450	0.0040
2013	0.0800	−0.0340	0.0400	2.8910	0.0020
2014	0.0760	−0.0340	0.0390	2.8420	0.0020
2015	0.0930	−0.0340	0.0390	3.3090	0.0000
2016	0.0520	−0.0340	0.0390	2.2060	0.0140
2017	0.0540	−0.0340	0.0400	2.2380	0.0130

资料来源：笔者计算得出。

全局 Moran's I 检验了京津冀及周边 30 个城市的绿色经济效率存在显著的正向空间自相关性。同时，本书运用 Geoda 软件绘制 30 个城市 2007 年、2012 年、2017 年的绿色经济效率莫兰散点图。图 5-1 的（a）~（c）表示用 EBM-DEA 法测算的绿色经济效率莫兰散点；（d）~（f）表示用 SBM-DEA 测算的绿色经济效率莫兰散点。综合来看，北京、天津、廊坊、沧州、唐山、衡水、济南、淄博、济宁、德州、濮阳总体呈现 H-H 集聚态势，石家庄、邢台、邯郸、太原、阳泉、晋城、开封、鹤壁、安阳总体呈现 L-L 集聚态势，且两种测度方法得出的结果基本保持一致，说明 30 个城市的绿色经济效率形成正向带动作用，总体呈现"块状"局部集聚特征。

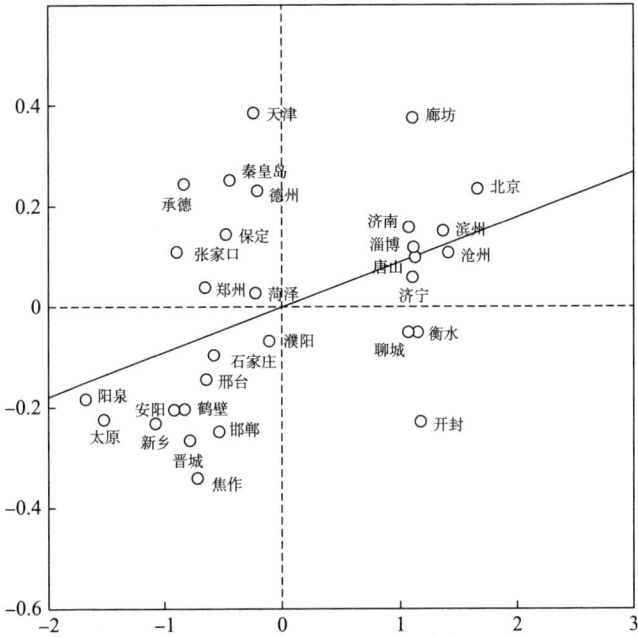

（a）EBM–DEA（2007年）

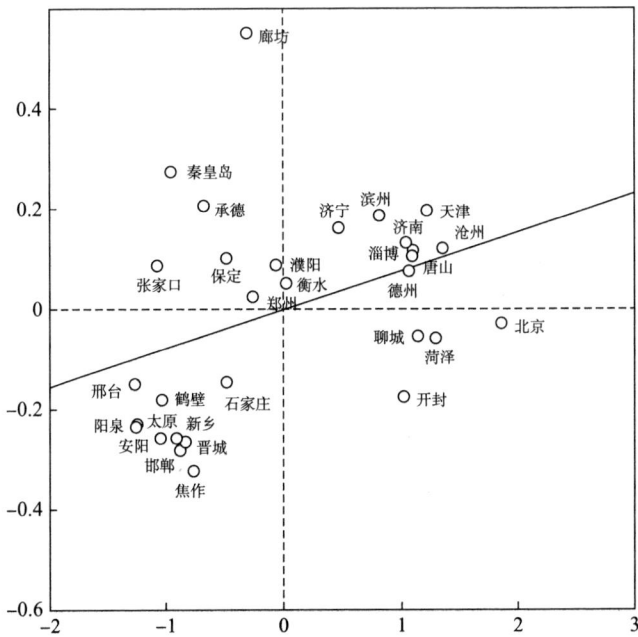

（b）EBM–DEA（2012年）

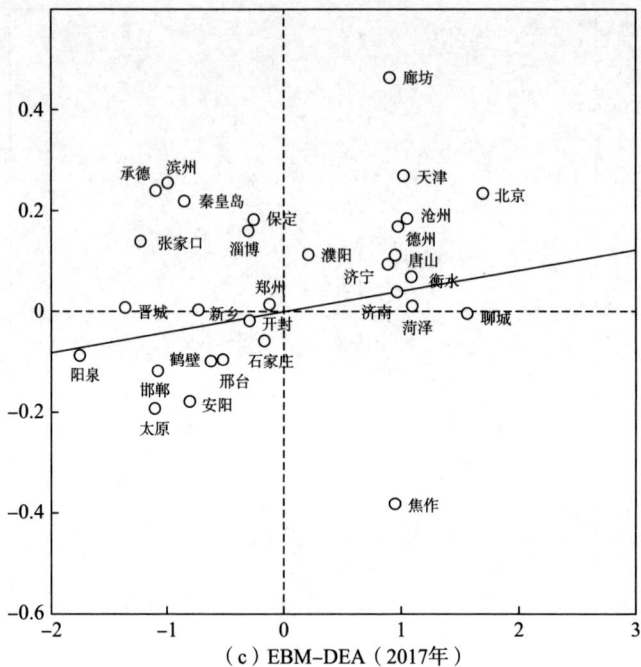

（c）EBM–DEA（2017年）

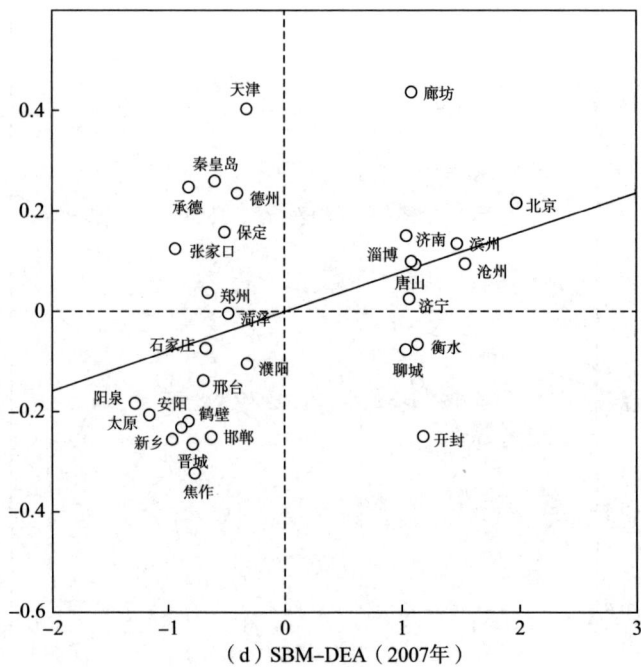

（d）SBM–DEA（2007年）

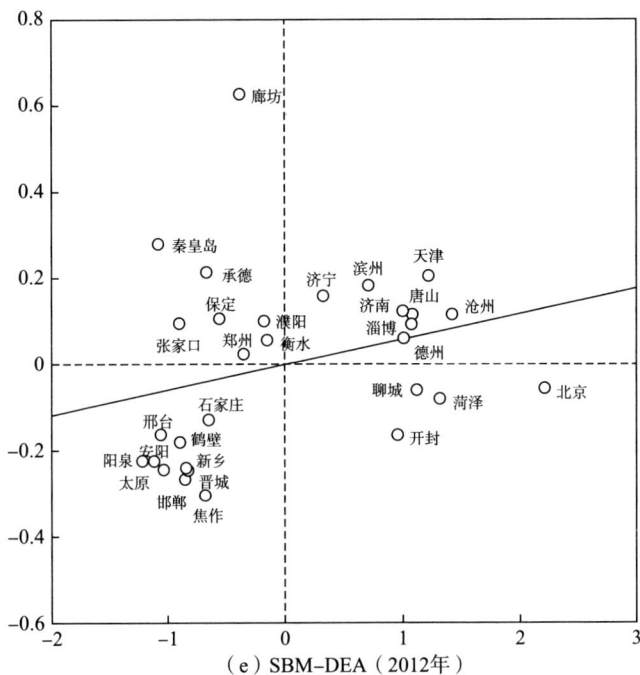

（e）SBM-DEA（2012年）

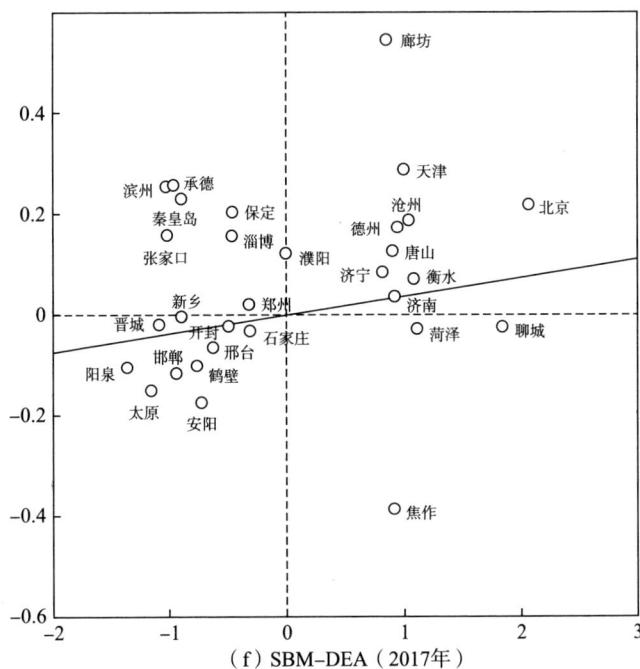

（f）SBM-DEA（2017年）

图 5-1　2007 年、2012 年、2017 年京津冀及周边 30 个城市绿色经济效率莫兰散点

2. 空间模型设定形式检验

在运用空间计量模型进行实证分析前，要先确定适合研究样本的空间模型。首先，对非空间效应（OLS）估计结果的残差项进行空间相关性检验。学界目前主要运用 LM-err、LM-lag 等统计量进行检验，其原假设均为"不存在空间滞后或空间误差自相关"。LM 检验用于检验空间误差项和滞后项的空间自相关性，如果检验结果拒绝原假设，则认为残差中存在空间滞后或空间误差，继而可以用 SLM 或 SEM 进行估计。其次，判断使用固定效应还是随机效应，若使用固定效应，还要判断用哪种固定效应。根据空间 Hausman 检验结果，若拒绝原假设则应用固定效应对模型进行估计，否则用随机效应检验。最后，确定具体的空间计量模型形式。若同时存在空间滞后效应和空间误差效应，则运用 LR 和 Wald 检验判断 SDM 能否简化为 SLM 或 SEM。其原假设为 H_0^1：$\theta=0$；H_0^2：$\theta+\rho\beta=0$。第一个假设用于检验 SDM 能否转化为 SLM；第二个假设用于检验 SDM 能否转化为 SEM，若拒绝，则应用 SDM 模型进行参数估计。

空间模型形式设定检验结果显示，SDM 最适合本书的样本数据，同时符合本书的理论设计。首先，本书分别对以 EBM-DEA 和 SBM-DEA 为被解释变量的两个模型 OLS 估计结果的残差项进行空间相关性检验，LM-lag 和 LM-err 的统计结果整体在 1% 的水平上显著并强烈拒绝原假设，表明被解释变量存在显著的空间相关性。同时，非空间面板回归的估计结果显示，核心解释变量的估计系数并不显著，这也说明不考虑空间因素容易导致估计结果的偏误，应同时分析空间滞后项和空间误差项对因变量的影响。其次，选择固定效应进行参数估计更加适合本书的样本数据。式 5-4 EBM-DEA 的 Hausman 检验结果显示 chi2 = 41.01，在 1% 的水平上显著，且用于判断空间固定效应与时间固定效应的 LR 检验的自由度分别为 30、11，P 值分别为 0.0000 和 0.0571。最后，SDM 最适合本书的样本数据估计。Wald-lag、LR-lag、Wald-err、LR-err 均在 1% 的水平上显著，均拒绝 SDM 能转化为 SAR 或 SEM 的假设，说明 SAR 或 SEM 都不能较为精确地诠释自变量对因变量的作用关系，运用 SDM 更为合适（见表 5-7）。为此，本书主要采用时空双向固定效应的静态空间面板杜宾模型进行参数估计。为更好地对比，本书同时报告

OLS、SAR、SEM 的结果以证明 SDM 结果的合理性。

表 5-7 空间模型形式设定检验

模型	LM-lag	LM-err	Wald-lag	LR-lag	Wald-err	LR-err
EBM-DEA	7. 5428 *** [0. 0060]	6. 5889 ** [0. 0100]	40. 5403 *** [0. 0000]	36. 6358 *** [0. 0001]	40. 2013 *** [0. 0000]	37. 0635 *** [0. 0001]
SBM-DEA	7. 8965 *** [0. 0050]	7. 0675 *** [0. 0080]	40. 1434 *** [0. 0000]	36. 8275 *** [0. 0001]	39. 4275 *** [0. 0000]	36. 7089 *** [0. 0001]

注：中括号内数值为相伴概率；*** 、** 、* 分别表示 1%、5%、10% 的显著水平。

资料来源：笔者计算得出。

5.3 实证结果

5.3.1 模型估计结果分析

本书选用能够较为精确估计静态空间面板模型的极大似然估计（MLE）对 SDM 模型进行参数估计。对比来看，采用 OLS 估计的模型 1 中城镇空间治理的估计系数结果不显著，而考虑空间因素的时空双固定效应模型 2~4 表现出更为优良的统计特征，且各变量待估系数的显著性水平、符号方向基本保持一致，说明未考虑内生性和残差空间相关性容易导致估计结果的偏误。SDM 各变量待估系数的显著性水平及拟合优度也明显高于其他模型，更加符合本书的理论设计。结合前文检验结果，模型 4 具有最为优良的理论预期及计量技术表现，故本书将重点聚焦模型 4 的估计结果（见表 5-8）。

表 5-8 城镇空间治理强度对绿色经济效率直接影响的估计结果

变量	非空间 OLS 混合回归	SAR 地区时间双固定	SEM 地区时间双固定	SDM 地区时间双固定
	模型 1	模型 2	模型 3	模型 4
USG	−0. 1220 (−0. 36)	−0. 7171 ** (−2. 29)	−0. 7957 ** (−2. 51)	−0. 9411 *** (−3. 00)

变量	非空间 OLS 混合回归	SAR 地区时间双固定	SEM 地区时间双固定	SDM 地区时间双固定
	模型 1	模型 2	模型 3	模型 4
USG^2	0.3800	0.8195 **	0.9133 **	1.0185 ***
	(1.02)	(2.25)	(2.49)	(2.82)
ISU	0.0394 ***	0.0311 **	0.0269 *	0.0527 ***
	(3.13)	(1.97)	(1.76)	(3.22)
INT	0.0624 ***	0.0027	0.0100	0.0453 **
	(4.03)	(0.13)	(0.45)	(2.02)
HCP	−0.0045	0.0102 *	0.0111 *	0.0159 **
	(−1.03)	(1.67)	(1.82)	(2.54)
UBR	−0.4502 ***	0.0507	0.0862	−0.2339
	(−3.29)	(0.22)	(0.37)	(−0.98)
LIC	0.2751 ***	−0.0452	−0.0627	−0.1125
	(7.43)	(−0.64)	(−0.87)	(−1.55)
FDI	0.0081	0.0169 ***	0.0201 ***	0.0179 ***
	(1.17)	(2.81)	(3.31)	(2.91)
CS	−0.4533 ***	−0.4665 ***	−0.4380 **	−0.6162 ***
	(−3.86)	(−2.62)	(−2.46)	(−3.53)
FAI	−0.6428 ***	−0.2219 ***	−0.2020 ***	−0.2372 ***
	(−13.47)	(−3.73)	(−3.26)	(−4.14)
PEE	−8.3273 ***	−0.0511 **	−0.0525 **	−3.1767
	(−3.48)	(−2.27)	(−2.30)	(−1.40)
$W.USG$	—	—	—	−44.0564 **
				(−2.51)
$W.USG^2$	—	—	—	42.1472 **
				(2.40)
$W.ISU$	—	—	—	2.2438 ***
				(3.62)
$W.INT$	—	—	—	3.7641 ***
				(3.12)
$W.HCP$	—	—	—	0.8125 *
				(1.66)
$W.UBR$	—	—	—	8.9785
				(0.69)
$W.LIC$	—	—	—	−8.3373 ***
				(−3.85)
$W.FDI$	—	—	—	0.9953 ***
				(3.03)

续表

变量	非空间 OLS 混合回归	SAR 地区时间双固定	SEM 地区时间双固定	SDM 地区时间双固定
	模型 1	模型 2	模型 3	模型 4
$W.CS$	—	—	—	12.5135 (1.30)
$W.FAI$	—	—	—	-0.4757 (-0.26)
$W.PEE$	—	—	—	-6.3994 (-0.05)
ρ 或 λ	—	-6.6076*** (-3.40)	-6.8652*** (-3.30)	-9.2027*** (-4.42)
δ^2	—	0.0052*** (12.73)	0.0052*** (12.56)	0.0045*** (12.41)
地区固定效应	No	Yes	Yes	Yes
时间固定效应	No	Yes	Yes	Yes
N	330	330	330	330
R^2	0.5372	0.0626	0.0937	0.1295
Log-likelihood	194.4661	394.8166	394.1002	416.4583

注：***、**、* 分别表示 1%、5%、10%的显著水平。

资料来源：笔者计算得出。

城镇空间治理对绿色经济效率具有显著影响且呈现"U"形特征。根据模型 4 的结果，城镇空间治理强度一次项和二次项的估计系数均在 1%的水平上显著，分别为负值和正值，验证了假设 1。第一，当治理强度低于 0.4620 的拐点时，城镇空间治理对绿色经济效率的提升具有抑制效应。从封闭区域视角看，治理政策标准、工具及反馈机制尚未成熟，城市发展仍侧重经济增长，企业虽增加了绿色转型要素投入，但转型过程的艰辛导致经济仍在固有模式下运转，绿色经济转型乏力；从空间溢出视角看，高治理强度地区吸引绿色生产要素集聚，低治理强度地区被迫承接传统要素，形成了绿色发展的空间分异和马太效应，即周边地区的城镇空间治理催生要素的区位分选效应，在一定程度上拉低本地区绿色经济效率。综上，在城镇空间治理强度低于拐点且存在较大空间差异的阶段，绿色经济效率呈下降态势，这验证了 2007～

2017 年空间自回归系数 ρ 为 -9.2027 且在 1% 的水平上显著的检验结果，说明现阶段的治理模式放大了绿色发展的马太效应。第二，当城镇空间治理强度高于 0.4620 的拐点时，城镇空间治理对绿色经济效率产生激励效应。从封闭区域视角看，由于城镇空间治理强度持续提高、治理体系逐步完善，部分企业绿色转型成功，低效高耗能高排放的企业被迫关停，城镇空间治理的资源集约效应、污染减排效应持续显现，绿色经济效率得以提升。从空间溢出视角看，城镇空间治理强度的趋同和绿色发展模式的辐射效应带动周边地区绿色转型，从而提升绿色经济效率，即城镇空间治理强度空间滞后项的估计系数在 5% 的水平上显著，且对本地绿色经济效率的作用关系呈现相同的 "U" 形特征。综合来看，当城镇空间治理强度接近 50% 且先发地区能够将绿色发展模式向周边正向溢出时，城镇空间治理对绿色经济效率的提升作用才能显现。

在控制变量方面，第一，产业结构升级能有效提升绿色经济效率。*ISU* 的估计系数在 1% 的水平上显著为正，这表明工业化后期第三产业相对第二产业具有更高的经济发展绩效和科技创新价值，对空间利用的破坏更弱，更具绿色化特征。第二，信息化水平能够提升绿色经济效率。*INT* 的估计系数在 5% 的水平上显著为正，说明数字经济、共享经济等对空间集约高效利用的新业态能提高绿色经济效率。第三，科技人力资本能提升绿色经济效率。*HCP* 的估计系数在 5% 的水平上显著为正，表明科技人力资本不仅为绿色经济提供新型生产要素，更为绿色发展提供技术创新动力。第四，外商直接投资能提升绿色经济效率。*FDI* 的估计系数在 1% 的水平上显著为正，表明随着城镇空间治理强度提升，外商直接投资逐渐由低效污染密集型产业转向清洁高价值链环节。第五，消费水平和固定资产投资未能影响绿色经济效率。*CS* 和 *FAI* 的估计系数均在 1% 的水平上显著为负，说明当前的消费和投资可能仍集中于传统领域，对绿色工业产品、生态产品、新基建等领域的驱动力不足。第六，从空间溢出视角看，邻近地区的 *ISU*、*INT*、*HCP*、*FDI* 均对本地区绿色经济效率具有一定的正向影响，但 *HCP* 的估计系数显著性偏低，可能是由于人力资本流动性不足。

UBR 和 *PEE* 对绿色经济效率的影响并不显著。这可能是由于研究时段内

该区域城镇化水平始终保持递增态势，且尚未形成追求经济社会生态协调发展的"新型城镇化"模式[262]，传统的城镇化模式无法驱动绿色经济效率提升，而当前的公共教育尚不能支撑绿色发展理念的传播。

5.3.2 空间溢出效应分解

由于模型加入了空间滞后项，单纯仅用估计系数来判断解释变量对被解释变量的作用强度存在一定的偏误。通常采用偏微分法将总效应分解为直接效应和间接效应，以此来精确判断各解释变量对被解释变量的影响程度。其中，总效应为解释变量对被解释变量作用的综合水平，直接效应反映解释变量对本地区被解释变量的影响程度，间接效应表示解释变量对邻近地区被解释变量的影响，直接效应和间接效应估计系数之和等于总效应估计系数（见表5-9）。

表 5-9 城镇空间治理强度对绿色经济效率的空间溢出效应

变量	直接效应	间接效应	总效应
USG	−0.7563 ** (−2.30)	−2.0415 * (−1.84)	−2.7978 ** (−2.54)
USG^2	0.8425 ** (2.18)	1.8671 * (1.69)	2.7096 ** (2.53)
ISU	0.0454 *** (2.73)	0.1060 *** (2.59)	0.1514 *** (3.75)
INT	0.0285 (1.35)	0.1980 *** (2.83)	0.2265 *** (3.02)
HCP	0.0126 ** (2.01)	0.0394 (1.31)	0.0520 * (1.78)
UBR	−0.2871 (−1.18)	0.7185 (0.96)	0.4314 (0.58)
LIC	−0.0748 (−0.97)	−0.4439 *** (−3.03)	−0.5187 *** (−3.39)
FDI	0.0135 ** (2.18)	0.0501 ** (2.41)	0.0636 *** (3.11)

变量	直接效应	间接效应	总效应
CS	−0.6929 *** (−3.74)	1.0676 * (1.74)	0.3747 (0.65)
FAI	−0.2468 *** (−4.15)	0.1000 (0.85)	−0.1468 (−1.29)
PEE	−0.0349 (−1.54)	0.0166 (0.24)	−0.0183 (−0.27)

注：*** 、** 、* 分别表示 1%、5%、10% 的显著水平。

资料来源：笔者计算得出。

根据直接效应结果，城镇空间治理强度的一次项及二次项的估计系数均在 5% 的水平上显著，效应值分别为 −0.7563 和 0.8425，这再次验证了城镇空间治理强度对绿色经济效率的影响呈现"U"形作用关系。在控制变量方面，绿色经济效率受产业结构高级化、科技人力资本、外商直接投资、消费水平及固定资产投资的影响。*ISU* 的估计系数在 1% 的水平上显著，效应值为0.0454，说明加快产业结构升级能有效提升绿色经济效率；*HCP* 的估计系数在 5% 的水平上显著，效应值为 0.0126，表明实现绿色发展要依赖科技创新和人力资本培育；*FDI* 的估计系数在 5% 的水平上显著，效应值为 0.0135，说明当前的外商直接投资在一定程度上推动了绿色经济发展；*CS* 的估计系数在 1% 的水平上显著为负，效应值为−0.6929；*FAI* 的估计系数在 1% 的水平上显著为负，效应值为−0.2468，说明当前的消费和固定资产投资尚未聚焦绿色领域。

根据间接效应结果，城镇空间治理强度的一次项及二次项的估计系数均在 10% 的水平上显著，效应值分别为 −2.0415 和 1.8671，验证了相邻地区的城镇空间治理强度与本地区的绿色经济效率呈现显著的"U"形作用关系，即周边地区的治理行为具有空间溢出效应，通过要素、技术和产业的跨区域转移，对本地区绿色经济效率形成先降后升的影响。并且，从效应值看，周边地区治理行为对本地区绿色经济效率的影响程度大于本地区自身治理，说明探索空间溢出的主要因素和作用机制对促进区域绿色经济转型更为关键。在控制变量方面，绿色经济效率受产业结构高级化、信息化水平、外商直接投资、收入水平、消费水平的影响。*ISU* 的估计系数在 1% 的水平上显著，效应值为 0.1060，说明邻地的产业结构升级会带来要素跨区域转移，进而依托产业链的跨界联系影响本地区的绿色经济效率。*INT* 的估计系数在 1% 的水平上显著，效应值为 0.1980，说明邻地的信息化为绿色经济转型提供了新动能和新模式，进而改变了产业链整体的运行结构，提升了绿色发展水平。*LIC* 的估计系数在 1% 的水平上显著，效应值为 -0.4439。一般来说，收入水平提高能够带动绿色消费，进而引领绿色经济转型。邻地收入水平的提升可能在一定程度上影响消费结构的变化，进而吸引绿色产品、生态产品、技术导向型新动能在邻地集聚，促进邻地的绿色转型，对本地区的绿色经济则起到抑制效应，这与刘亦文等[263] 得出的判断基本一致。*FDI* 的估计系数在 5% 的水平上显著，效应值为 0.0501，说明外商直接投资为绿色经济注入了新动能。

根据总效应结果，城镇空间治理强度的一次项及二次项的估计系数均在 5% 的水平上显著，且效应值分别为负、正，再次验证了城镇空间治理强度与绿色经济效率的 "U" 形作用关系。从控制变量看，*ISU*、*INT*、*HCP* 和 *FDI* 是影响绿色经济效率的主要因素，且整体均与绿色经济效率呈现正向关系，说明现有的发展基础能够有效促进城市经济绿色发展水平提升。此外，缩小区域间发展差距、发挥消费驱动绿色要素集聚的作用或能促进绿色经济转型，应该加快消费和投资转型。*UBR* 的效应不显著，说明传统城镇化模式无法支撑经济转型，要加快向新型城镇化转变。

5.4 稳健性检验

5.4.1 替换被解释变量

本书构建包含非期望产出的 SBM-DEA 模型并测度京津冀及周边地区 30 个城市的绿色经济效率。在实际测度中，经常出现多个决策单元效率值同时为 1 的情况，导致这些决策单元的效率水平无法得到准确区分。根据 Tone 提出的包含非径向距离函数的 DEA 模型，考虑超效率且包含非期望产出的 SBM-DEA 模型可以表示成如下形式：

$$\rho^* = \min \frac{\dfrac{1}{m}\sum_{i=1}^{m}\dfrac{\bar{x}_i}{x_{i0}}}{\dfrac{1}{s_1+s_2}\left(\sum_{r=1}^{s_1}\dfrac{y_r^g}{y_{r0}^g}+\sum_{r=1}^{s_2}\dfrac{\vec{y}_r^b}{y_{r0}^b}\right)}$$

$$\text{s. t.}\begin{cases} \bar{x} \geqslant \sum_{j=1,\neq 0}^{n}\lambda_j x_j \\[2mm] \vec{y}^g \leqslant \sum_{j=1,\neq 0}^{n}\lambda_j y_j^g \\[2mm] \vec{y}^b \geqslant \sum_{j=1,\neq 0}^{n}\lambda_j y_j^b \\[2mm] \bar{x}\geqslant x_0, y^g \leqslant y_0^g, \vec{y}^b \geqslant y_0^b, y^g \geqslant 0, \lambda \geqslant 0 \end{cases} \qquad (\text{式 5-7})$$

式中，λ 表示权重向量。目标函数 ρ^* 的值可以大于 1、等于 1 或小于 1，值越大表明该单元绿色经济效率越高。y^g 为期望产出的集合，y^b 为非期望产出的集合。

表 5-10 的估计结果与表 5-8 基本保持一致，表明本书的实证结果是稳健的。从模型 8 来看，首先，核心解释变量城镇空间治理强度一次项和二次项的估计系数均在 1% 的水平上显著且效应值分别为负和正，城镇空间治理强度一次项和二次项的空间滞后项估计系数分别在 1% 和 5% 的水平上显著且效应值分别为负和正。这充分说明无论是考虑本地视角还是考虑空间溢出效应，城镇空间治理强度对绿色经济效率的影响始终呈现显著的"U"形作用特征，且空间溢出效应的影响更为明显，与前文主模型得到的结果一致。其次，在控制变量方面，*ISU*、*INT*、*HCP*、*LIC*、*FDI*、*CS*、*FAI* 均在相应的显著性水平上对绿色经济效率产生正向或负向的影响，与主模型估计结果总体一致。最后，*UBR* 和 *PEE* 依然没有体现出对绿色经济效率的显著影响，说明应加快促进城镇化向绿色高效的新型模式转变，同时应加强公共教育对绿色发展理念的普及，在全社会树立绿色发展的新理念。综合来看，本书的假设 1 得到稳健的验证。

表 5-10　城镇空间治理强度对绿色经济效率直接影响的稳健性检验（SBM-DEA）

变量	非空间 OLS 混合回归	SAR 地区时间双固定	SEM 地区时间双固定	SDM 地区时间双固定
	模型 5	模型 6	模型 7	模型 8
USG	-0.1350	-1.1425 **	-1.3005 **	-1.4785 ***
	（-0.26）	（-2.27）	（-2.56）	（-2.94）
USG^2	0.489	1.2663 **	1.4457 **	1.5171 ***
	（0.86）	（2.16）	（2.47）	（2.63）
ISU	0.0710 ***	0.05719 **	0.0496 **	0.0925 ***
	（3.69）	（2.25）	（2.04）	（3.53）
INT	0.0908 ***	0.0035	0.0179	0.0810 **
	（3.84）	（0.10）	（0.50）	（2.26）
HCP	-0.0116 *	0.0107	0.0117	0.0215 **
	（-1.76）	（1.09）	（1.19）	（2.15）
UBR	-0.4390 **	0.1590	0.2147	-0.2632
	（-2.10）	（0.43）	（0.57）	（-0.69）
LIC	0.3740 ***	-0.1133	-0.1457	-0.2244 *
	（6.61）	（-0.99）	（-1.27）	（-1.93）
FDI	0.00344	0.0199 **	0.0261 ***	0.0224 **
	（0.33）	（2.06）	（2.68）	（2.27）
CS	-0.7300 ***	-0.6730 **	-0.6306 **	-0.9128 ***
	（-4.07）	（-2.35）	（-2.21）	（-3.27）
FAI	-0.9480 ***	-0.3445 ***	-0.3126 ***	-0.3538 ***
	（-13.01）	（-3.61）	（-3.15）	（-3.86）
PEE	-0.0954 ***	-0.0615 *	-0.0648 *	-0.0364
	（-2.61）	（-1.70）	（-1.77）	（-1.00）
$W.USG$	—	—	—	-77.0592 ***
				（-2.73）
$W.USG^2$	—	—	—	67.4528 **
				（2.40）
$W.ISU$	—	—	—	3.9086 ***
				（3.94）
$W.INT$	—	—	—	6.8498 ***
				（3.56）
$W.HCP$				1.0680
				（1.37）

续表

变量	非空间 OLS 混合回归	SAR 地区时间双固定	SEM 地区时间双固定	SDM 地区时间双固定
	模型 5	模型 6	模型 7	模型 8
W. UBR	—	—	—	11. 3085 (0. 55)
W. LIC	—	—	—	−12. 4859 *** (−3. 60)
W. FDI	—	—	—	1. 7410 *** (3. 31)
W. CS	—	—	—	10. 8060 (0. 70)
W. FAI	—	—	—	0. 1863 (0. 06)
W. PEE	—	—	—	−0. 8100 (−0. 42)
ρ 或 λ	—	−6. 8386 *** (−3. 48)	−7. 502 *** (−3. 53)	−9. 4033 *** (−4. 52)
σ^2	—	0. 0133 *** (12. 67)	0. 0134 *** (12. 50)	0. 0114 *** (12. 38)
地区固定效应	No	Yes	Yes	Yes
时间固定效应	No	Yes	Yes	Yes
N	330	330	330	330
R^2	0. 532	0. 0555	0. 2595	0. 1544
Log-likelihood	54. 8478	238. 2993	237. 7635	261. 2149

注：***、**、*分别表示 1%、5%、10%的显著水平。

资料来源：笔者计算得出。

表 5-11 的估计结果与表 5-9 基本保持一致，再次表明本书的实证结果是稳健的。从直接效应看，城镇空间治理强度一次项及二次项的估计系数均在 5%的水平上显著，再次验证了"U"形作用特征，ISU、HCP、CS、FAI均对本地区的绿色经济效率具有显著影响；从间接效应看，城镇空间治理强度一次项及二次项的估计系数分别在 5%和 10%的水平上显著，同样呈现"U"形作用特征。而邻地的 ISU、INT、LIC、FDI 对本地区的绿色经济效率具有显著影响，与前文的结论基本一致；从总效应看，城镇空间治理强度一

次项及二次项的估计系数分别在 1% 和 5% 的水平上显著，表明"U"形作用关系成立的稳健性。控制变量的估计结果仍与表 5-9 基本一致，故本书的假设 1 得到了更加稳健的验证。

表 5-11　城镇空间治理强度对绿色经济效率影响的空间溢出效应（SBM-DEA）

变量	直接效应	间接效应	总效应
USG	− 1. 1423 ** (− 2. 16)	− 3. 6147 ** (− 2. 05)	− 4. 7570 *** (− 2. 73)
USG^2	1. 2257 ** (1. 98)	2. 9987 * (1. 73)	4. 2244 ** (2. 51)
ISU	0. 0794 *** (2. 98)	0. 1813 *** (2. 76)	0. 2607 *** (4. 02)
INT	0. 0498 (1. 48)	0. 3572 *** (3. 15)	0. 4070 *** (3. 36)
HCP	0. 0172 * (1. 72)	0. 0509 (1. 07)	0. 0681 (1. 48)
UBR	− 0. 3293 (− 0. 84)	0. 8997 (0. 76)	0. 5704 (0. 49)
LIC	− 0. 1699 (− 1. 38)	− 0. 6267 *** (− 2. 72)	− 0. 7966 *** (− 3. 34)
FDI	0. 0141 (1. 42)	0. 0912 *** (2. 74)	0. 1053 *** (3. 22)
CS	− 0. 9874 *** (− 3. 33)	1. 1212 (1. 16)	0. 1338 (0. 15)
FAI	− 0. 3735 *** (− 3. 92)	0. 2048 (1. 10)	− 0. 1687 (− 0. 94)
PEE	− 0. 0372 (− 1. 02)	− 0. 0229 (− 0. 21)	− 0. 0601 (− 0. 56)

注：***、**、* 分别表示 1%、5%、10% 的显著水平。

资料来源：笔者计算得出。

5.4.2　替换建模方式

本书采用空间杜宾误差修正模型对前文的估计结果进行稳健性检验，同样得到了与前文基本一致的估计结果：城镇空间治理强度与绿色经济效率呈现"U"形作用关系；*ISU*、*INT*、*HCP*、*FDI*对绿色经济效率具有显著影响，*LIC*的作用更多体现在对周边地区的影响上，*CS*和*FAI*更多影响本地区（见表5-12）。综上，本书得出的结论较为稳健可信。

表5-12 基于空间杜宾误差修正模型的稳健性检验结果

变量	估计结果	变量	估计结果
USG	−0.9027*** (2.77)	*W. USG*	−6.0070** (−2.33)
USG^2	0.9802*** (2.63)	*W. USG*^{2}	5.7806** (2.29)
ISU	0.0544*** (3.18)	*W. ISU*	0.2122* (1.78)
INT	0.0511** (2.15)	*W. INT*	0.4661** (2.53)
HCP	0.0121* (1.95)	*W. HCP*	0.1806*** (2.60)
UBR	−0.2666 (−1.08)	*W. UBR*	−1.2689 (−0.59)
LIC	−0.1101 (−1.43)	*W. LIC*	−1.1967** (−2.37)
FDI	0.0194*** (3.21)	*W. FDI*	0.1154*** (2.66)
CS	−0.6595*** (−3.65)	*W. CS*	−0.0180 (−0.01)
FAI	−0.2075*** (−3.38)	*W. FAI*	0.5626 (1.37)
PEE	−3.6104 (−1.59)	*W. PEE*	0.4245 (0.03)
ρ	0.6840*** (4.22)	*N*	330
R^2	0.8824	*Log-likelihood*	413.0903
地区固定效应	Yes	时间固定效应	Yes

注：***、**、*分别表示1%、5%、10%的显著水平。

资料来源：笔者计算得出。

5.5 本章小结

根据前面的分析，本书可以得出以下几点基本判断。一是从总体上看，本地区的绿色经济效率更容易受到邻地城镇空间治理的影响，因此本地区在出台治理政策的同时，更应关注邻地治理行为对本地区的影响机制和作用过程，将邻地的治理行动影响纳入本地区的治理政策，建立行之有效的空间治理体系。二是产业结构高级化和外商直接投资是推动绿色经济转型的关键因素，这说明必须重视产业结构高级化和外商直接投资对绿色经济效率的支撑作用。三是本地区应加强科技人力资本储备，提升信息化水平，并加快促进消费和固定资产投资向绿色经济领域转变。科技人力资本和信息化水平都是支撑绿色经济发展的新动能，目前本地区的科技人力资本能显著支撑绿色经济效率的提升，而信息化水平存在较强的区域异质性，需要发达地区通过信息技术外溢带动欠发达地区的绿色转型。故应出台相应的政策促进数字经济、共享经济、大数据、云计算在各个区域内部的普及，这就需要部分地区扩大新基建、智能设施等绿色固定资产领域的投资规模和提升效率，缩小区域间数字新业态领域的发展差距，进而以数字新业态带动地区转型，提高收入水平，发挥消费驱动绿色生产转型的作用。

第6章 城镇空间治理对绿色经济效率的
中介传导机制检验

生态文明视域下的城镇空间治理强调对空间利用的综合协同管控，以多维手段保障城镇空间利用的绿色化与均衡化。针对政策目标要求，企业根据自身成本选择利益最大化的生产决策，重新进行区位分选与要素整合，促进各类要素在不同的空间单元实现优化配置，促进产业重组与集聚，催生绿色经济、数字经济等新业态，倒逼产业结构升级。这就在各地区产生不同程度的产业结构调整效应，进而改变不同空间单元的绿色经济效率。本章将重点对中介传导机制"城镇空间治理—产业结构升级—绿色经济效率"进行检验。

6.1 研究设计

产业结构高级化既是城镇空间治理的结果，也是实现绿色经济效率的重要路径。产业结构高级化一方面是劳动、资本、技术、知识密集型产业的依次更迭，另一方面是传统生产方式的升级和先进生产方式的普及。这个过程不仅实现了资源要素向高效率产业的集聚与优化组合，还依靠科技创新实现能源集约利用和治污技术改进，促进产品绿色生产与高附加值化，满足全社会对绿色生态产品的需求，实现经济增长与空间绿色利用的协调。产业结构高级化主要通过市场配置与政府引导两种方式来实现。地方政府遵循国家的产业政策，企业受到地方政府的政策压力偏离产业自身生命周期，易形成产业同质化现象，无法形成产业分工和链式梯度结构，导致产业结构调整缺乏内生动力，降低了经济效率，阻碍了产业绿色转型进程。而空间治理一方面使企业将外部成本内部化，应用绿色技术设备，加速产品结构、组织模式、技术研发向节能环保、经济高效转变；另一方面催生绿色经济、互联网经济等技术和知识密集型产业。故空间治理能促进市场配置绿色新要素，加快绿色发展背景下企业的优胜劣汰并催生绿色经济，倒逼产业结构整体升级，进而提升城市绿色经济效率。现有研究已验证了土地要素市场化配置[264]、用地结构[265]、环境规制[266] 能够通过促进产业转移和升级来调整地区的产业结构，同时产业结构升级能够提高生态效率[267]，支撑区域绿色高质量发展[268]。立足国土空间治理的背景，将资源利用管控、生态功能修复、环境污染规制统筹纳入城镇空间治理框架，发挥多维空间绿色利用的作用，倒逼产业结构升级，进而提高城市的绿色经济效率。综上，本章将对假设 2 进行验证。

6.1.1 模型设定

为了检验产业结构高级化是否充当中介变量的角色，本书采用规范的中介效应模型并基于空间计量技术开展进一步的实证考察。解释变量通过中间变量对被解释变量产生的间接效应被称为中介效应[269]（见图 6-1）。

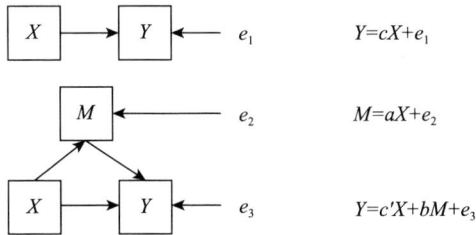

$$Y=cX+e_1$$

$$M=aX+e_2$$

$$Y=c'X+bM+e_3$$

图 6-1　中介效应模型原理

资料来源：邵帅、张可、豆建民《经济集聚的节能减排效应：理论与中国经验》，《管理世界》2019 年第 1 期。

目前广泛用于检验中介效应的方法是 Baron 和 Kenny[270] 提出的中介效应逐步检验法，主要判断以下两个条件是否成立：一是解释变量都显著影响被解释变量；二是对于因果链中任一变量，当控制了前面的变量（包括中介变量）后，各解释变量仍对被解释变量具有显著影响。若两个条件同时成立，则中介效应显著存在；若解释变量部分显著，则根据检验步骤判断是完全中介、部分中介还是无中介效应。具体来说，研究解释变量（X）通过中间变量（M）对被解释变量（Y）的间接影响，可以采用如下公式：

$$Y = cX + e_1 \qquad\qquad\qquad （\text{式 } 6\text{-}1）$$

$$M = aX + e_2 \qquad\qquad\qquad （\text{式 } 6\text{-}2）$$

$$Y = c'X + bM + e_3 \qquad\qquad\qquad （\text{式 } 6\text{-}3）$$

其中，Y 为被解释变量，X 为解释变量，M 为中介变量，e 为控制变量，a、b、c、c' 为各变量的待估系数。具体检验步骤如下：第一步，检验模型式 6-1 的待估系数 c，如果 c 显著，则按存在中介效应立论，但无论 c 是否显著，都要进行后续检验；第二步，依次检验模型式 6-2 的待估系数 a 和模型式 6-3 的待估系数 b，如果二者都显著，则表明间接效应显著；第三步，检验模型式 6-3 的待估系数 c' 是否显著，如果不显著，则直接效应不显著，即只存在中介效应，认为存在完全中介效应；如果显著，则直接效应显著，认为存在部分中介效应。

本书以城镇空间治理强度为核心解释变量，以产业结构高级化为中介变量，以绿色经济效率为被解释变量，研究城镇空间治理通过促进产业结构升级对绿色经济效率的影响机制与效应。在考虑空间溢出效应的前提下，本书构建"城镇空间治理—产业结构升级—绿色经济效率"的空间中介效应模型（见式 6-4 至式 6-6），并按照上述步骤进行参数估计。

$$GEE_{it} = \alpha_0 + \rho \sum_{i=1}^{n} w_{ij} GEE_{jt} + \beta_1 USG_{it} + \beta_2 USG_{it}^2 + \theta_1 \sum_{i=1}^{n} w_{ij} USG_{jt} + \theta_2 \sum_{i=1}^{n} w_{ij} USG_{jt}^2$$

$$+ \lambda \sum X_{it} + \delta \sum_{i=1}^{n} w_{ij} X_{jt} + \mu_i + \sigma_t + \varepsilon_{it}$$

$$（\text{式 } 6\text{-}4）$$

$$ISU_{it} = \alpha_0 + \rho \sum_{i=1}^{n} w_{ij} GEE_{jt} + \beta_1 USG_{it} + \beta_2 USG_{it}^2 + \theta_1 \sum_{i=1}^{n} w_{ij} USG_{jt} + \theta_2 \sum_{i=1}^{n} w_{ij} USG_{jt}^2$$

$$+ \lambda \sum X_{it} + \delta \sum_{i=1}^{n} w_{ij} X_{jt} + \mu_i + \sigma_t + \varepsilon_{it}$$

$$（\text{式 } 6\text{-}5）$$

$$GEE_{it} = \alpha_0 + \rho \sum_{i=1}^{n} w_{ij}GEE_{jt} + \beta_1 USG_{it} + \beta_2 USG_{it}^2 + \theta_1 \sum_{i=1}^{n} w_{ij}USG_{jt} + \theta_2 \sum_{i=1}^{n} w_{ij}USG_{jt}^2 + \partial_1 ISU_{it}$$

$$+ \partial_2 \sum_{i=1}^{n} w_{ij}ISU_{jt} + \lambda \sum X_{it} + \delta \sum_{i=1}^{n} w_{ij}X_{jt} + \mu_i + \sigma_t + \varepsilon_{it}$$

（式 6-6）

其中，式 6-4 对应中介效应简化模型中的式 6-1，式 6-5 对应中介效应简化模型中的式 6-2，式 6-6 对应中介效应简化模型中的式 6-3。i 表示城市，t 表示年份，GEE_{it} 表示绿色经济效率，USG_{it} 表示城镇空间治理强度的一次项，为验证 "U" 形作用关系，本章在模型中依然加入 USG_{it}^2 来表示城镇空间治理强度的二次项。$\sum_{i=1}^{n} w_{ij}USG_{jt}$ 和 $\sum_{i=1}^{n} w_{ij}USG_{jt}^2$ 分别表示城镇空间治理强度一次项和二次项的空间滞后项，$\sum_{i=1}^{n} w_{ij}GEE_{jt}$ 表示被解释变量的空间滞后项，ISU_{jt} 为中介变量，$\sum_{i=1}^{n} w_{ij}ISU_{jt}$ 为中介变量的空间滞后项，$\sum X_{it}$ 为控制变量的集合，$\sum_{i=1}^{n} w_{ij}X_{jt}$ 为控制变量空间滞后项的集合。ρ 为空间自回归系数，β、∂_1 和 λ 分别为核心解释变量、中介变量和控制变量的待估系数，θ、∂_2 和 δ 分别为核心解释变量、中介变量与控制变量的空间滞后项的待估系数，μ_i 为地区固定效应，σ_t 为时间固定效应，ε_{it} 为随机扰动项。w_{ij} 为包含 i 行和 j 列的空间权重矩阵，为保持和前文结果的一致性，本章仍采用地理距离权重矩阵来表征空间相关性，以避免距离单位和权重结果带来的误差。在检验方法方面，选用较好地适用于静态空间面板模型的极大似然估计对模型进行参数估计。

6.1.2 变量选取

为保证文章一致性和结论可靠性，本章所用变量的样本数据、计算方法及结果均与前文相应章节一致，具体如下：

被解释变量：绿色经济效率（GEE）。采用 EBM-DEA 和 SBM-DEA 来测算京津冀及周边 30 个城市的绿色经济效率，具体指标及计算过程见第 4 章。

核心解释变量：城镇空间治理强度（USG）。采用熵值法赋权得出京津冀及周边 30 个城市城镇空间治理强度。为检验本书提出的假设，同样引入

USG^2 以检验非线性作用形式。具体指标及计算过程见第 3 章。

中介变量：产业结构高级化（*ISU*）：城镇空间治理会产生要素重置效应和企业区位分选效应，在中观层面形成产业集聚的新态势，进而促进一个地区产业结构的升级。而产业结构升级对绿色经济增长具有正向的激励作用。本书采用第三产业从业人员数/第二产业从业人员数来反映产业结构高级化水平。

控制变量与前文一致，包括科技人力资本（*HCP*）、信息化水平（*INT*）、城镇化率（*UBR*）、收入水平（*LIC*）、外商直接投资（*FDI*）、消费水平（*CS*）、固定资产投资（*FAI*）、公共教育支出（*PEE*）。

6.2　相关检验

6.2.1　空间自相关检验

EBM-DEA 和 SBM-DEA 测度的绿色经济效率（被解释变量）的空间自相关检验、面板数据单位根及协整关系检验已在第 5 章得到验证，本章重点对中介变量的空间自相关进行检验（见表 6-1）。从 Moran's I 结果看，2007~2017 年，产业结构高级化总体呈现显著的空间相关性，除个别年份外，总体呈现正向集聚态势。

表 6-1　中介变量产业结构高级化的空间自相关检验结果

年份	I	E（I）	sd（I）	z	p-value
2007	0.0100	−0.0340	0.0340	1.3230	0.0930
2008	0.0160	−0.0340	0.0330	1.5080	0.0660
2009	−0.0090	−0.0340	0.0340	0.7470	0.2280
2010	−0.0200	−0.0340	0.0330	0.4430	0.3290
2011	−0.0380	−0.0340	0.0330	−0.1040	0.4590
2012	−0.0280	−0.0340	0.0320	0.1980	0.4220
2013	0.0460	−0.0340	0.0310	2.5890	0.0050
2014	0.0490	−0.0340	0.0310	2.6570	0.0040

续表

年份	I	E（I）	sd（I）	z	p-value
2015	0.0660	−0.0340	0.0310	3.2480	0.0010
2016	0.0690	−0.0340	0.0310	3.3740	0.0000
2017	0.0690	−0.0340	0.0330	3.1080	0.0010

资料来源：笔者计算得出。

6.2.2　模型形式检验[①]

根据表 6-2 的结果，SDM 最适合样本数据估计，同时符合本书的理论设计。首先，对 EBM-DEA、SBM-DEA 和以 *ISU* 为被解释变量的 OLS 估计结果的残差项进行空间相关性检验，LM-lag 和 LM-err 的统计结果均在 1% 的水平上显著并且强烈拒绝原假设，表明被解释变量存在显著的空间相关性，同时，非空间面板回归的估计结果显示，核心解释变量的估计系数并不显著，这也说明不考虑空间因素容易导致估计结果的偏误，应同时分析空间滞后项和空间误差项对因变量的影响。其次，选择固定效应进行参数估计更加适合本书的样本数据。式 6-4 EBM-DEA 的 Hausman 检验结果显示 chi2＝51.40，在 1% 的水平上显著，且用于判断地区固定效应与时间固定效应的 LR 检验的自由度分别为 30、11，p 值分别为 0.0000 和 0.0406；式 6-5 的 Hausman 检验结果显示 chi2＝24.40，在 1% 的水平上显著，且用于判断地区固定效应与时间固定效应的 LR 检验的自由度分别为 30、11，p 值均为 0.0000。最后，SDM 最适于本书的样本数据估计。Wald-lag、LR-lag、Wald-err、LR-err 均在 1% 的水平上显著，均拒绝 SDM 能转化为 SAR 或 SEM 的假设，说明 SDM 能够更为精确地诠释解释变量对被解释变量的作用关系和形式（见表 6-2）。综上检验结果，本书主要采用地区时间双向固定效应的静态空间面板杜宾模型进行参数估计。但为了更好地对比，本书同时展示 OLS、SAR、SEM 的结果以证明 SDM 结果的合理性。

---

① 本节主要展示式 6-4 和式 6-5 的相关检验结果。

表 6-2 空间模型形式设定检验

模型/变量	LM-lag	LM-err	Wald-lag	LR-lag	Wald-err	LR-err
EBM-DEA	7.7105 *** [0.0050]	7.1129 *** [0.0080]	30.8079 *** [0.0000]	28.3644 *** [0.0016]	30.2487 *** [0.0000]	28.3548 *** [0.0016]
SBM-DEA	7.9051 *** [0.0050]	7.4433 *** [0.0060]	29.6242 *** [0.0000]	27.6800 *** [0.0020]	28.7004 *** [0.0014]	27.1148 *** [0.0025]
ISU	7.9385 *** [0.005]	7.1873 *** [0.007]	97.6426 *** [0.0000]	81.6865 *** [0.0000]	100.8656 *** [0.0000]	80.5855 *** [0.0000]

注：中括号内数值为相伴概率；***、**、* 分别表示1%、5%、10%的显著水平。
资料来源：笔者计算得出。

6.3 实证分析

6.3.1 模型估计结果分析

选用适用于空间面板模型且具有较高估计精度的极大似然估计对 SDM 进行参数估计，其中模型 1、3、5、7 是式 6-4 以 EBM-DEA 测度的绿色经济效率为被解释变量的估计结果；模型 2、4、6、8 是式 6-5 以产业结构高级化为被解释变量的估计结果；式 6-6 的结果同表 5-8 的模型 4 结果，故本章不再列出。对比模型 1 和模型 2 的结果，采用 OLS 估计的城镇空间治理强度一次项系数不显著，考虑空间因素的地区时间双固定效应模型 3~8 表现出更为优良的统计特征，且各变量待估系数的显著性水平、符号方向基本保持一致，说明未考虑内生性和残差空间相关性容易导致估计结果的偏误。SDM 各变量待估系数的显著性水平及拟合优度明显高于其他模型，也更加符合本书的理论设计。结合前文检验结果，模型 7 和模型 8 具有最为优良的理论预期及计量技术表现，故本书将重点聚焦模型 7 和模型 8 的估计结果（见表 6-3）。

表 6-3　城镇空间治理影响绿色经济效率的中介传导机制检验（EBM-DEA）

变量	非空间 OLS 混合回归		SAR 地区时间双固定		SEM 地区时间双固定		SDM 地区时间双固定	
	模型 1 GEE	模型 2 ISU	模型 3 GEE	模型 4 ISU	模型 5 GEE	模型 6 ISU	模型 7 GEE	模型 8 ISU
USG	-0.3695 (-1.10)	-6.2762 *** (-4.27)	-0.7835 ** (-2.50)	-2.0215 * (-1.88)	-0.8711 *** (-2.76)	-1.9505 * (-1.85)	-1.0659 *** (-3.33)	-3.3444 *** (-3.22)
USG^2	0.6536 * (1.79)	6.9610 *** (4.34)	0.9203 ** (2.53)	3.2609 *** (2.61)	1.0130 *** (2.79)	3.2180 *** (2.62)	1.1748 *** (3.21)	4.4754 *** (3.76)
INT	0.0745 *** (4.90)	0.3076 *** (4.61)	-0.0049 (-0.23)	-0.2363 *** (-3.30)	0.0019 (0.08)	-0.2203 *** (-3.16)	0.0087 (0.40)	-0.2856 *** (-3.95)
HCP	-0.0050 (-1.15)	-0.0149 (-0.77)	0.0091 (1.48)	-0.0395 * (-1.88)	0.0101 * (1.66)	-0.0372 * (-1.80)	0.0135 ** (2.10)	-0.0380 * (-1.82)
UBR	-0.5599 *** (-4.18)	-2.7863 *** (-4.74)	0.0481 (0.21)	0.0592 (0.07)	0.0699 (0.30)	0.2054 (0.26)	-0.0732 (-0.30)	1.8181 ** (2.29)
LIC	0.2676 *** (7.14)	-0.1904 (-1.16)	-0.0602 (-0.85)	-0.5831 ** (-2.37)	-0.0665 (-0.93)	-0.6200 ** (-2.54)	-0.0625 (-0.86)	-0.2077 (-0.86)
FDI	0.0052 (0.75)	-0.0734 ** (-2.41)	0.0168 *** (2.77)	0.0029 (0.14)	0.0191 *** (3.18)	0.0114 (0.54)	0.0135 ** (2.18)	0.0161 (0.79)
CS	-0.3946 *** (-3.35)	1.4912 *** (2.89)	-0.5148 *** (-2.89)	-1.4594 ** (-2.38)	-0.4863 *** (-2.75)	-1.3562 ** (-2.23)	-0.574 *** (-3.19)	-0.3280 (-0.56)
FAI	-0.6679 *** (-14.00)	-0.6356 *** (-3.04)	-0.2197 *** (-3.52)	0.3741 * (1.83)	-0.1915 *** (-3.09)	0.3659 * (1.84)	-0.2406 *** (-4.08)	0.3236 * (1.69)
PEE	-0.0592 ** (-2.57)	0.6115 *** (6.06)	-0.0390 * (-1.79)	0.3938 *** (5.25)	-0.0408 * (-1.87)	0.3752 *** (5.06)	-0.0154 (-0.67)	0.3141 *** (4.20)
W. USG	—	—	—	—	—	—	-54.6073 *** (-3.03)	-148.6894 ** (-2.53)
W. USG^2	—	—	—	—	—	—	57.1812 *** (3.20)	109.5476 * (1.87)
W. INT	—	—	—	—	—	—	1.1052 (1.03)	-11.3349 *** (-3.03)
W. HCP	—	—	—	—	—	—	0.7692 (1.52)	-0.2658 (-0.16)
W. UBR	—	—	—	—	—	—	12.3346 (0.92)	26.9265 (0.62)
W. LIC	—	—	—	—	—	—	-5.0716 ** (-2.41)	15.1837 ** (2.11)

变量	非空间 OLS 混合回归		SAR 地区时间双固定		SEM 地区时间双固定		SDM 地区时间双固定	
	模型 1 GEE	模型 2 ISU	模型 3 GEE	模型 4 ISU	模型 5 GEE	模型 6 ISU	模型 7 GEE	模型 8 ISU
$W.FDI$	—	—	—	—	—	—	0.3924 (1.26)	−3.7058 *** (−3.55)
$W.CS$	—	—	—	—	—	—	19.4096 ** (1.97)	21.7344 (0.68)
$W.FAI$	—	—	—	—	—	—	−2.9374 (−1.59)	−11.3903 * (−1.92)
$W.PEE$	—	—	—	—	—	—	0.1857 (0.15)	−0.8257 (−0.20)
ρ 或 λ	—	—	−6.5882 *** (−3.38)	2.9699 *** (2.74)	−7.0323 *** (−3.46)	3.4293 *** (3.10)	−8.3852 *** (−4.01)	−1.3055 (−0.78)
δ^2	—	—	0.0052 *** (12.69)	0.0618 *** (12.63)	0.0053 *** (12.56)	0.0606 *** (12.75)	0.0050 *** (12.45)	0.0506 *** (12.83)
地区固定效应	No	No	Yes	Yes	Yes	Yes	Yes	Yes
时间固定效应	No	No	Yes	Yes	Yes	Yes	Yes	Yes
N	330	330	330	330	330	330	330	330
R^2	0.5230	0.3630	0.014	0.0245	0.0903	0.0367	0.1005	0.2174
Log-like-lihood	189.4676	−372.9031	392.8887	−8.4110	392.5456	−7.6507	405.7551	23.7462

注：*** 、** 、* 分别表示 1%、5%、10%的显著水平。

资料来源：笔者计算得出。

产业结构高级化是城镇空间治理强度作用于绿色经济效率的中介变量。首先，在考虑城镇空间治理强度对产业结构高级化影响的情况下，模型 8 的估计结果显示，城镇空间治理强度一次项和二次项的估计系数均在 1%的水平上显著，效应值分别为负、正；其空间滞后项一次项和二次项的估计系数分别在 5%和 10%的水平上显著，效应值分别为负和正。这说明城镇空间治理与产业结构高级化间呈现显著的"U"形作用关系。具体来说，当城镇空间治理强度低于 0.3736 的拐点时，城镇空间治理对产业结构高级化具有抑制效应。在治理强度偏低的阶段，"遵循成本"偏低，本地区低效高耗能污染类企业仍可能在固有基础上集聚并维持其生产模式，加之绿色技术研发和产业转型需要较长时间才能见效，在治理体系尚未完善的阶段，产业绿色转型与升级的成效并不明显，企业仍可能在第二产业或进入门槛低的产业集聚，且周边地区的治理可能导致当地的企业面临转型或关停，部分低效益、高耗能、高排放、高污染类企业由于生产成本提高而被迫向外转移，产生治理的负外部性。因此，在拐点之前，产业结构升级弱化甚至存在倒退。当治理强度超过拐点时，城镇空间治理对产业结构高级化具有激励效应。随着治理体系完善和治理强度提升，低效高耗能污染类企业关停或转产，通过引入新技术、新材料及高素质劳动力形成有利于绿色经济发展的生产模式，绿色转型初见成效，数字经济、技术和知识密集型等具有高附加值的战略性新兴产业以及相关的科技、信息、教育、文化服务部门初具规模，产业结构高级化特征显著。同时，随着邻地治理强度提高，绿色生产新模式及其相关产业会与产业链联动，在空间分选效应下形成新的集聚态势。因此，当治理强度超过拐点时，产业结构将呈现明显的升级特征。综上，模型 8 的结果在一定程度上验证了产业结构高级化可能是城镇空间治理影响绿色经济效率的中介变量，而这一推断还需要得到模型 7 的支撑。

其次，在不考虑产业结构高级化对绿色经济效率影响的情况下，模型 7 的估计结果显示，城镇空间治理强度及其空间滞后项一次项和二次项的估计系数均在 1% 的水平上显著且效应值分别为负、正，说明城镇空间治理能够显著影响绿色经济效率，随着治理强度变化，城镇空间治理与绿色经济效率存在"U"形作用关系。具体而言，在治理强度低于拐点 0.4537 时，城镇空间治理对绿色经济效率具有一定的抑制效应，这可能是由于空间治理体系尚未完善。一方面，企业根据其自身的经营情况，会加大绿色要素投入力度，但转型见效时间较长；另一方面，企业以较低的"遵循成本"获得经济利润，故以高耗能、高排放的模式继续生产。同时，周边地区处于低水平治理强度时，不能对绿色新型要素形成空间分选效应，导致绿色经济效率不断下降。当治理强度高于拐点 0.4537 时，城镇空间治理对绿色经济效率具有正向激励效应。较高的"遵循成本"倒逼低效高耗能污染类企业关停、转产或外迁，这必然导致要素在区域内转移、流动。部分转型企业已改变要素利用方式，转向绿色要素投入，对空间破坏的程度不断下降，经济转向高效绿色的运行模式。并且，伴随周边地区转型见效，"要素链—产业链—创新链—政策链"形成较好的联动，绿色要素、新兴产业、绿色技术、空间政策在区域内互动耦合，实现要素在空间中的优化配置和产业链绿色转型，此时绿色经济效率处于不断提升的阶段。至此，产业结构高级化可能是城镇空间治理影响绿色经济效率的中介变量已得到初步验证，需要进一步判断其是发挥完全中介效应还是部分中介效应。

最后，综合考虑城镇空间治理强度和产业结构高级化对绿色经济效率的影响，模型8显示，城镇空间治理强度一次项和二次项的估计系数均在1%的水平上显著且效应值分别为负、正，其空间滞后项一次项和二次项的估计系数分别在5%、10%的水平上显著且效应值分别为负、正，说明"U"形作用关系得到充分验证。产业结构高级化及其空间滞后项的估计系数均在1%的水平上显著为正，说明产业结构高级化与绿色经济效率呈正相关关系。城镇空间治理强度以"U"形特征作用于产业结构高级化，进而以"U"形特征作用于绿色经济效率，且无论是解释变量还是其空间滞后项，估计系数的正负始终保持一致，显著性水平及其他统计量也表现出较好的统计特征①，说明产业结构高级化以部分中介效应通过城镇空间治理作用于绿色经济效率。同时，对比拐点值可以发现，考虑中介变量的模型8的拐点明显低于不考虑中介变量的模型7的拐点，也低于综合考虑城镇空间治理和中介变量的表5-8模型4的拐点。这说明城镇空间治理强度只有在超过一定阈值后，才能对产业结构升级和绿色经济效率提升产生正向激励效应，且产业结构升级效应更易显现。至此，假设2得到了严谨的验证。

控制变量方面，模型7的结果显示，地区的科技人力资本、外商直接投资与绿色经济效率呈显著的正相关关系，消费水平和固定资产投资与绿色经济效率呈显著的负相关关系，说明现阶段的消费和投资尚未引领绿色经济发

---

① 式6-6的估计结果见表5-8的模型4，影响机制的作用过程已得到严谨论证，此部分不再赘述。

展。邻地的收入水平与本地区的绿色经济效率呈负向变动关系，说明地区间要素价格的差异会引致要素跨区域流动，进而对邻地造成负向影响。模型 8 的结果显示，INT、HCP 的估计系数分别在 1% 和 10% 的水平上显著为负，这可能是由于京津冀及其周边地区高科技产业及科技人力资本加速向北京、天津、石家庄、郑州等高行政级别城市集聚，区域内信息化水平和科技人力资本水平差距较大，产业结构升级也出现不均衡、不充分的现象。UBR、FAI、PEE 的估计系数分别在 5%、10% 和 1% 的水平上显著为正，这表明城镇化带来的就业促进效应推动产业结构优化，第三产业所占比重不断提升，而固定资产投资也在一定程度上促进产业结构升级。此外，公共教育能够有效提升劳动力总体素质，人才培养及高技能劳动力就业在一定程度上促进了产业结构高级化。邻地固定资产投资和外商直接投资与本地绿色经济效率呈负向变动关系，可能是由于资本投向邻地可能会带动绿色要素迁移，而随着邻地收入水平的提高，其对绿色产品的需求不断增长，邻地产业、要素向绿色化集聚，从而对本地区产业结构升级产生抑制作用。

6.3.2 空间溢出效应分解

根据直接效应结果，模型 7 的城镇空间治理强度一次项及二次项的估计系数均在 5% 的水平上显著，效应值分别为 -0.8341 和 0.9272，说明在不考虑中介变量时，本地区的城镇空间治理强度对绿色经济效率具有 "U" 形作用，拐点为 0.4498。模型 8 的城镇空间治理强度一次项及二次项的估计系数均在 1% 的水平上显著，效应值分别为 -3.1762 和 4.3223，说明本地区的城镇空间治理强度对产业结构升级具有 "U" 形作用，拐点为 0.3674，明显低于模型 7 和表 5-9 直接效应的拐点，进一步说明城镇空间治理对产业结构升级的作用较其对绿色经济效率提升的作用更加明显。因此，提高治理强度、完善治理体系、为绿色经济提供良好的创新创业环境、引导产业的绿色转型和结构升级是提升绿色经济效率的有效路径。在控制变量方面，模型 7 结果显示，FDI 的估计系数在 10% 的水平上显著，效应值为 0.0122，说明流向本地区的外商直接投资能够促进绿色经济效率的提升；CS 和 FAI 的估计系数显著但均为负值，说明当前的消费水平和固定资产投资尚未有效支撑绿色经济发展，要积极培育引领绿色经济发展的内生动能。模型 8 的结果显示，*UBR*、*FAI*、*PEE* 的估计系数分别在 5%、10% 和 1% 的水平上显著为正，说明这些变量能有效促进本地区产业结构高级化，而 *INT* 和 *HCP* 的估计系数虽然显著但均为负值，说明科技人力资本集聚在少数城市，高技能要素流动性不足，对产业升级和绿色经济效率提升的助推乏力。

根据间接效应结果，模型 7 的城镇空间治理强度一次项及二次项的估计系数分别在 5% 和 1% 的水平上显著，效应值分别为-2.8628 和 2.9722，说明在不考虑中介变量时，邻地的城镇空间治理强度对本地区的绿色经济效率同样具有"U"形作用，符合前文的判断。模型 8 的城镇空间治理强度一次项及二次项的系数分别在 5% 和 10% 的水平上显著，效应值分别为-14.9538 和10.8168，说明邻地的城镇空间治理强度对本地区的产业结构升级具有"U"形作用，较低的城镇空间治理强度导致低效高耗能污染类产业转移等空间分选现象持续，产业升级需要较高的城镇空间治理强度以实现绿色生产模式的外溢。从控制变量看，模型 7 结果显示，邻地的 *LIC* 和 *CS* 均在 5% 的水平上显著且效应值分别为负和正，说明邻地收入水平的提高会吸引高技能劳动力等要素的集聚，降低了本地区培育绿色经济新动能的可能性；而消费水平的提升在一定程度上刺激了本地区推动绿色经济发展的新需求。模型 8 结果显示，*LIC* 的提高形成示范效应，促进产业结构升级；*INT*、*FDI*、*FAI* 分别在1%、1% 和 10% 的水平上显著为负。区域内信息化水平仍然呈现高行政级别城市与普通地级市明显的分化特征，在大多数城市的产业尚未走向智能制造和数字经济的背景下，仅靠少数中心城市无法释放信息化拉动产业升级的空间溢出效应。外商直接投资的流向也呈现分异特征，如 2019 年北京吸纳的外商直接投资主要流向第三产业，天津为制造业，河北、山西、河南等主要流向资本密集型产业[271]。外商直接投资流向相对稳定且空间分异较为悬殊，势必带来生产要素的空间分选与集聚，故邻地外商直接投资增加往往抑制本地区产业结构升级，而邻地的外商直接投资也表现出对本地区产业升级的抑制效应。

从总效应看，模型 7 的城镇空间治理强度一次项及二次项的估计系数均在 1% 的水平上显著且效应值分别为负和正，说明在不考虑中介变量时，本地区的城镇空间治理强度对绿色经济效率具有"U"形作用。模型 8 的城镇空间治理强度一次项及二次项的估计系数分别在1%和5%的水平上显著为负和正，说明本地区的城镇空间治理强度对产业结构升级具有"U"形作用。至此，"U"形作用关系得到稳健的证实（见表6-4）。从控制变量看，综合直接效应和间接效应的估计系数，可以得出以下几点判断。一是科技人力资本、消费和固定资产投资的发展模式亟待调整，收入水平差距亟待缩小。科技人力资本仍需加速培育，特别是要培育适合绿色发展的复合技能型人才。目前，科技人力资本能够在一定程度上提升本地区绿色经济效率，但显著程度偏低，这可能与高技能要素在区内的流动性不足有关；消费和固定资产投资的溢出效应显著性较弱，故要加快推动消费和固定资产投资向绿色经济领域转变，建立绿色生产新基建与设备的异地流转服务机制；收入水平差距可能形成要素流动的路径依赖，特别是京津冀及周边地区的空间分异过于悬殊，更容易加剧人力资本、技术等绿色新要素集聚的马太效应。二是产业结构高级化更容易受到邻近地区信息化水平和外商直接投资的抑制作用。空间差异的悬殊导致绿色生产要素单向集聚于高行政级别城市，本地区产业升级缺乏内生动力。同时，外商直接投资对本地区绿色经济发挥支撑作用，挤出落后产能，导致部分地区产业更新困难。因此，科技类新动能、收入水平、公共服务品质的差距过大，治理强度偏低和治理体系尚不完善导致的产业转移可能成为限制区域内产业结构均衡化升级、绿色经济效率整体提升的主要动因。

表6-4 城镇空间治理对产业结构高级化和绿色经济效率的空间溢出效应分解

变量	直接效应		间接效应		总效应	
	模型 7 GEE	模型 8 ISU	模型 7 GEE	模型 8 ISU	模型 7 GEE	模型 8 ISU
USG	-0.8341** (-2.56)	-3.1762*** (-2.96)	-2.8628** (-2.53)	-14.9538** (-2.31)	-3.6969*** (-3.18)	-18.1300*** (-2.64)
USG^2	0.9272** (2.43)	4.3223*** (3.52)	2.9722*** (2.62)	10.8168* (1.76)	3.8994*** (3.39)	15.1391** (2.33)
INT	0.0059 (0.28)	-0.2678*** (-3.95)	0.0609 (1.03)	-1.1087*** (-2.99)	0.0668 (1.11)	-1.3765*** (-3.52)

变量	直接效应		间接效应		总效应	
	模型 7 GEE	模型 8 ISU	模型 7 GEE	模型 8 ISU	模型 7 GEE	模型 8 ISU
HCP	0.0103 (1.58)	-0.0377* (-1.87)	0.0421 (1.33)	-0.0106 (-0.06)	0.0524* (1.72)	-0.0483 (-0.28)
UBR	-0.1392 (-0.59)	1.7837** (2.40)	0.7785 (0.94)	2.4465 (0.53)	0.6393 (0.79)	4.2302 (0.89)
LIC	-0.0387 (-0.52)	-0.2168 (-0.92)	-0.2756** (-2.00)	1.5647** (2.21)	-0.3143** (-2.24)	1.3479* (1.76)
FDI	0.0122* (1.86)	0.0200 (0.98)	0.0194 (0.97)	-0.3615*** (-3.40)	0.0316 (1.60)	-0.3415*** (-3.09)
CS	-0.6995*** (-3.96)	-0.3803 (-0.71)	1.4495** (2.32)	2.0204 (0.60)	0.7500 (1.24)	1.6401 (0.48)
FAI	-0.2306*** (-3.85)	0.3545* (1.88)	-0.0560 (-0.50)	-1.1684* (-1.92)	-0.2866** (-2.53)	-0.8139 (-1.24)
PEE	-0.0159 (-0.68)	0.3177*** (4.28)	0.0162 (0.20)	-0.1445 (-0.32)	0.0003 (0.00)	0.1732 (0.37)

注：***、**、*分别表示 1%、5%、10%的显著水平。
资料来源：笔者计算得出。

6.4　稳健性检验

6.4.1　替换被解释变量

为了进一步检验中介效应的稳健性，本书展示了基于 SBM-DEA 的中介传导机制检验结果（见表 6-5）。结合表 6-5 模型 8 和表 5-10 模型 8 的估计结果，产业结构高级化的中介效应成立，假设 2 得到更加充分和稳健的验证。此外，控制变量也表现出与表 6-3 基本一致的统计特征，如本地区的科技人力资本能够显著促进绿色经济效率提升，但对产业结构升级的作用尚未显现；消费和固定资产投资的规模与方式仍与绿色经济效率呈负相关，应加快推动消费和投资方式向绿色经济领域集聚，只有这样才能对绿色发展起到引领作用。

表 6-5　城镇空间治理影响绿色经济效率的中介传导机制检验（SBM-DEA）

变量	非空间 OLS 混合回归		SAR 地区时间双固定		SEM 地区时间双固定		SDM 地区时间双固定	
	模型 9 *GEE*	模型 2 *ISU*	模型 11 *GEE*	模型 4 *ISU*	模型 13 *GEE*	模型 6 *ISU*	模型 15 *GEE*	模型 8 *ISU*
USG	-0.5801 (-1.13)	-6.2762^{***} (-4.27)	-1.2649^{**} (-2.51)	-2.0215^{*} (-1.88)	-1.440^{***} (-2.84)	-1.9505^{*} (-1.85)	-1.6968^{***} (-3.29)	-3.3444^{***} (-3.22)
USG^2	0.9826^{*} (1.75)	6.9610^{***} (4.34)	1.4532^{**} (2.49)	3.2609^{***} (2.61)	1.6284^{***} (2.80)	3.2180^{***} (2.62)	1.7946^{***} (3.05)	4.4754^{***} (3.76)
INT	0.1125^{***} (4.82)	0.3076^{***} (4.61)	-0.0105 (-0.31)	-0.2363^{***} (-3.30)	0.0022 (0.06)	-0.2203^{***} (-3.16)	0.0171 (0.49)	-0.2856^{***} (-3.95)
HCP	-0.0127^{*} (-1.88)	-0.0149 (-0.77)	0.0086 (0.87)	-0.0395^{*} (-1.88)	0.0098 (1.00)	-0.0372^{*} (-1.80)	0.0175^{*} (1.69)	-0.0380^{*} (-1.82)
UBR	-0.6366^{***} (-3.10)	-2.7863^{***} (-4.74)	0.1555 (0.41)	0.0592 (0.07)	0.1840 (0.48)	0.2054 (0.26)	0.0207 (0.05)	1.8181^{**} (2.29)
LIC	0.3603^{***} (6.26)	-0.1904 (-1.16)	-0.1406 (-1.23)	-0.5831^{**} (-2.37)	-0.1507 (-1.31)	-0.6200^{**} (-2.54)	-0.1378 (-1.17)	-0.2077 (-0.86)
FDI	-0.0018 (-0.17)	-0.0734^{**} (-2.41)	0.0197^{**} (2.02)	0.0029 (0.14)	0.0241^{**} (2.50)	0.0114 (0.54)	0.0148 (1.48)	0.0161 (0.79)
CS	-0.6246^{***} (-3.46)	1.4912^{***} (2.89)	-0.7602^{***} (-2.66)	-1.4594^{**} (-2.38)	-0.7211^{**} (-2.55)	-1.3562^{**} (-2.23)	-0.8348^{***} (-2.88)	-0.3280 (-0.56)
FAI	-0.9931^{***} (-13.56)	-0.6356^{***} (-3.04)	-0.3234^{***} (-3.38)	0.3741^{*} (1.83)	-0.2938^{***} (-2.96)	0.3659^{*} (1.84)	-0.3606^{***} (-3.80)	0.3236^{*} (1.69)
PEE	-0.0519 (-1.47)	0.6115^{***} (6.06)	-0.0389 (-1.11)	0.3938^{***} (5.25)	-0.0432 (-1.23)	0.3752^{***} (5.06)	-0.0074 (-0.20)	0.3141^{***} (4.20)
W.USG	—	—	—	—	—	—	-94.8419^{***} (-3.26)	-148.6894^{**} (-2.53)
$W.USG^2$	—	—	—	—	—	—	93.0992^{***} (3.23)	109.5476^{*} (1.87)
W.INT	—	—	—	—	—	—	2.282 (1.32)	-11.3349^{***} (-3.03)
W.HCP	—	—	—	—	—	—	1.017 (1.25)	-0.2658 (-0.16)
W.UBR	—	—	—	—	—	—	16.68 (0.77)	26.9265 (0.62)

续表

变量	非空间 OLS 混合回归		SAR 地区时间双固定		SEM 地区时间双固定		SDM 地区时间双固定	
	模型9 GEE	模型2 ISU	模型11 GEE	模型4 ISU	模型13 GEE	模型6 ISU	模型15 GEE	模型8 ISU
$W.LIC$	—	—	—	—	—	—	-6.762** (-2.00)	15.1837** (2.11)
$W.FDI$	—	—	—	—	—	—	0.693 (1.38)	-3.7058*** (-3.55)
$W.CS$	—	—	—	—	—	—	22.76 (1.43)	21.7344 (0.68)
$W.FAI$	—	—	—	—	—	—	-4.297 (-1.45)	-11.3903* (-1.92)
$W.PEE$	—	—	—	—	—	—	-0.362 (-0.18)	-0.8257 (-0.20)
ρ 或 λ	—	—	-6.8848*** (-3.49)	2.9699*** (2.74)	-7.5951*** (-3.66)	3.4293*** (3.10)	-8.4673*** (-4.04)	-1.3055 (-0.78)
σ^2	—	—	0.0135*** (12.67)	0.0618*** (12.63)	0.0135*** (12.51)	0.0606*** (12.75)	0.0124*** (12.45)	0.0506*** (12.83)
地区固定效应	No	No	Yes	Yes	Yes	Yes	Yes	Yes
时间固定效应	No	No	Yes	Yes	Yes	Yes	Yes	Yes
N	330	330	330	330	330	330	330	330
R^2	—	0.3630	0.0386	0.0245	0.0778	0.0367	0.1163	0.2174
Log-like-lihood	—	-372.9031	235.7907	-8.4110	235.6908	-7.6507	248.4779	23.7462

注：***、**、* 分别表示 1%、5%、10% 的显著水平。

资料来源：笔者计算得出。

6.4.2 替换建模方式

本书采用空间杜宾误差修正模型对前文的估计结果进行稳健性检验，同样得到了与前文基本一致的估计结果：城镇空间治理强度与绿色经济效率呈现"U"形作用关系；城镇空间治理强度与产业结构高级化呈现"U"形作用关系；城镇空间治理首先产生对产业结构升级的抑制效应和激励效应，进而表现出对绿色经济效率的抑制效应和激励效应；结合表 5-12 的结果，假设 2 得到更加充分且稳健的验证。在不考虑产业结构高级化的情况下，*HCP*、*FDI* 与本地区绿色经济效率呈正相关，消费和固定资产投资尚不能支撑绿色经济发展；在产业结构高级化模型中，*UBR*、*PEE* 与产业结构升级呈正相关，*INT* 与产业结构升级呈负相关，说明信息化与产业结构升级的融合水平尚待提升；邻地 *LIC* 对本地区产业结构升级具有促进作用，*FDI* 对本地区产业结构升级具有抑制作用。表 6-6 与表 6-3 的结论基本一致，本书得出的结论稳健可信。

表 6-6　基于 SDM 误差修正模型的稳健性检验结果

变量	SDM 误差修正模型估计结果	SDM 误差修正模型估计结果	变量	SDM 误差修正模型估计结果	SDM 误差修正模型估计结果
	GEE	*ISU*		*GEE*	*ISU*
USG	−1.0963 *** (−3.35)	−2.9028 *** (−2.80)	*W. USG*	−8.1323 *** (−3.19)	−25.0482 *** (−3.10)
USG^2	1.2147 *** (3.25)	3.7618 *** (3.18)	*W. USG*^{2}	7.9497 *** (3.25)	19.5008 ** (2.51)
INT	0.0221 (0.99)	−0.3180 *** (−4.46)	*W. INT*	0.2259 (1.40)	−1.6999 *** (−3.27)
HCP	0.0113 * (1.79)	−0.0233 (−1.16)	*W. HCP*	0.1724 ** (2.46)	0.1607 (0.72)
UBR	−0.1686 (−0.68)	1.7631 ** (2.23)	*W. UBR*	−2.0584 (−0.99)	7.7236 (1.17)
LIC	−0.0719 (−0.97)	−0.0968 (−0.41)	*W. LIC*	−0.5829 (−1.22)	6.6570 *** (4.40)
FDI	0.0166 *** (2.80)	−0.0039 (−0.20)	*W. FDI*	0.0595 (1.50)	−0.5308 *** (−4.18)
CS	−0.6574 *** (−3.59)	−0.5239 (−0.90)	*W. CS*	−0.3421 (−0.23)	3.2741 (0.68)
FAI	−0.1821 *** (−2.93)	0.2937 (1.50)	*W. FAI*	0.6396 (1.54)	0.1442 (0.11)
PEE	−2.0616 (−0.91)	27.7876 *** (3.88)	*W. PEE*	4.7811 (0.29)	−1.0342 (−0.02)

变量	SDM 误差修正模型估计结果	SDM 误差修正模型估计结果	变量	SDM 误差修正模型估计结果	SDM 误差修正模型估计结果
	GEE	*ISU*		*GEE*	*ISU*
ρ	0.6850*** (4.23)	0.1800 (1.00)	*N*	330	330
R^2	0.8824	0.9149	*Log-likelihood*	413.0903	33.2978
地区时间双固定效应	Yes		地区时间双固定效应	Yes	

注：***、**、*分别表示1%、5%、10%的显著水平。

资料来源：笔者计算得出。

6.5 本章小结

本章在严格的理论设计与推导下提出运用空间杜宾时空双固定效应模型对假设2进行充分验证，得出以下基本判断。第一，在不考虑中介变量时，城镇空间治理强度与绿色经济效率呈现显著的"U"形作用关系，在拐点前为抑制效应，后为激励效应。第二，在考虑中介变量时，城镇空间治理强度与产业结构高级化呈现显著的"U"形作用关系，在拐点前为抑制效应，后为激励效应。特别是在抑制效应主导阶段，邻地的空间治理行为会显著抑制本地区产业结构升级。第三，综合来看，城镇空间治理首先产生对产业结构升级的抑制效应和激励效应，进而表现出对绿色经济效率的抑制效应和激励效应，即产业结构高级化是城镇空间治理影响绿色经济效率的中介变量。同时，在替换被解释变量和变换模型估计方法后，估计结果与主模型结果一致，假设得到充分且稳健的验证。第四，从拐点看，城镇空间治理作用于产业结构升级的拐点低于不考虑中介变量的绿色经济效率模型的拐点，这一方面说明城镇空间治理先对产业结构产生调整效应进而影响绿色经济效率，另一方面说明治理强度偏低时具有负外部性，即对本地区产业结构升级的抑制效应和对邻地的产业转移效应。这启示我们要重视产业结构升级，以完善的治理体系尽快提高治理强度，跨过拐点，发挥治理正外部性。同时，要关注区域协同治理，规避空间分选引致的"污染避难所"现象。

第7章　城镇空间治理网络关联对绿色
经济效率的影响分析

合理的城镇空间治理网络关联结构是提升区域绿色经济效率的有力支撑。各空间单元不同的治理强度产生"势能差"，导致高治理强度地区对低治理强度地区产生低效污染产业转移、要素区位分选和污染物扩散等负外部性。这在一定程度上虽然有利于低治理强度地区的经济增长，但会使其陷入更为持久的非绿色发展状态，即在"U"形曲线的拐点左侧徘徊。因此，在治理初级阶段，区域总体的城镇空间治理强度往往具有"核心—外围"的垂直型关联结构，负外部性导致区域整体绿色发展难以实现。而随着经济转型和治理强度的提升，多中心城镇空间治理网络关联结构是否能缩小"势能差"、以均衡化治理水平降低负外部性，倒逼绿色经济转型？本章将在评价京津冀及周边30个城市城镇空间治理网络关联结构的基础上，明确关联结构演化的阶段和路径，研判其支撑区域绿色经济效率的作用机制，推导出区域城镇空间协同治理的必要条件。

7.1　研究设计

区域绿色经济效率的整体提升不仅需要各地区提升治理强度，更需要规避城镇空间治理行为对邻地的负外部性。而这种负外部性主要存在于各空间单元治理强度存在较大分异的"垂直型"治理格局下，随着各地区治理强度的趋同，负外部性将持续降低。因此，本书提出了多中心城镇空间治理网络关联结构能提升区域绿色经济效率。这一方面体现在各地区治理强度的趋同式提高，另一方面体现在"单中心—多中心—网络化"治理格局的呈现。而学者目前普遍重视绿色经济效率空间关联格局现状及影响因素分析[272-273]，较少从网络关联结构的视角探究其对区域整体绿色经济效率的影响机制。本章将对假设 3 进行检验。

7.1.1　模型设定

在 Volgmann 和 Munter[274] 提出的模型的基础上，本书借鉴丁如曦等[275] 的研究思路，建立如下空间杜宾模型：

$$GEE_{it} = \alpha_0 + \rho \sum_{j=1}^{n} w_{ij} GEE_{jt} + \beta CCI_{it} + \theta \sum_{j=1}^{n} w_{ij} CCI_{jt} + \beta' \sum X_{it} + \theta' \sum_{j=1}^{n} w_{ij} X_{jt} + \mu_i + \sigma_t + \varepsilon_{it}$$

（式 7-1）

其中，i 表示城市，t 表示年份，GEE_{it} 表示绿色经济效率，CCI_{it} 表示各节点的接近中心度。$\sum_{j=1}^{n} w_{ij} CCI_{jt}$ 表示各节点接近中心度的空间滞后项，$\sum_{j=1}^{n} w_{ij} GEE_{jt}$ 表示被解释变量的空间滞后项，$\sum X_{it}$ 为控制变量的集合，$\sum_{j=1}^{n} w_{ij} X_{jt}$ 为控制变量空间滞后项的集合。ρ 为空间自回归系数，β 和 θ 分别为核心解释变量及控制变量的待估系数，β' 和 θ' 分别为核心解释变量与控制变量的空间滞后系数，μ_i 为地区固定效应，σ_t 为时间固定效应，ε_{it} 为随机扰动项。本章采用反距离地理权重矩阵 w_{ij} 反映空间邻近关系。

7.1.2　变量选取

被解释变量：绿色经济效率（GEE）。本书采用前文测算的京津冀及周边 30 个城市的绿色经济效率指数来度量。具体指标及计算过程见第四章。

核心解释变量：接近中心度（CCI）。借鉴吴月[276]、李芝倩等[277] 的做法，采用前文测算城镇空间治理网络关联结构中的接近中心度来反映各节点在结构中的中心地位，度数值越高表明该节点越不易受其他节点的制约，越能成为网络体系中的中心节点，也表明区域整体的网络关联更偏向于多中心结构。本书对指标进行对数化处理。

控制变量：为保障估计结果的稳健性，本章选取的控制变量与前文一致，包括产业结构高级化（*ISU*）、信息化水平（*INT*）、科技人力资本（*HCP*）、城镇化率（*UBR*）、收入水平（*LIC*）、外商直接投资（*FDI*）、消费水平（*CS*）、固定资产投资（*FAI*）、公共教育支出（*PEE*）。

7.2 相关检验

7.2.1 面板单位根与协整关系检验

1. 面板单位根检验

本书综合采用 LLC、IPS、ADF 和 PP 等检验方法对城镇空间治理的接近中心度面板数据进行单位根检验。结果显示接近中心度等变量及其一阶差分项均拒绝包含单位根的原假设，结合表 5-3 其他变量的检验结果，可以认为所有的变量均为一阶单整变量（见表 7-1）。

表 7-1　变量的单位根检验

变量	LLC	IPS	ADF	PP
CCI	-11.4168^{***}	-7.3895^{***}	164.7010^{***}	242.6470^{***}
ΔCCI	-16.9911^{***}	-9.9107^{***}	218.3720^{***}	218.3720^{***}

注：***、**、* 分别表示 1%、5%、10%的显著水平。
资料来源：笔者计算得出。

2. 面板数据协整检验

由于变量均为一阶单整变量，需要检验被解释变量与解释变量、控制变量间是否存在长期协整关系。本书将分别对 SBM-DEA 和 EBM-DEA 进行协整关系检验，考虑 Eviews7.2 的可操作性，将变量分为两组：组 1 为因变量 *GEE* 与 *CCI*、*ISU*、*HCP*、*INT*、*UBR* 的协整关系检验结果；组 2 为因变量 *GEE* 与 *LIC*、*FDI*、*CS*、*FAI*、*PEE* 的协整关系检验结果。从检验结果看，3 个模型的 Kao-ADF、Pedroni-Panel PP、Pedroni-Panel ADF、Pedroni-Group PP、Pedroni-Group ADF 等各统计量整体均在 1%的显著性水平下拒绝了"不存在协整关系"的原假设，可以认为各变量间存在协整关系，不会出现"伪回归"现象（见表 7-2）。

表 7-2 协整关系检验结果

统计量	GEE-EBM-DEA		GEE-SBM-DEA	
Kao-ADF	-4.7912 ***		-4.4607 ***	
Pedroni 检验	组 1	组 2	组 1	组 2
Panel PP	-6.5261 ***	-8.9764 ***	-8.0584 ***	-9.5102 ***
Panel ADF	-2.5374 ***	-3.4814 ***	-3.2728 ***	-3.8766 ***
Group PP	-12.6217 ***	-20.0406 ***	-15.4940 ***	-20.9568 ***
Group ADF	-1.9037 ***	-4.7717 ***	-3.1288 ***	-5.5497 ***

注: ***、**、* 分别表示 1%、5%、10% 的显著水平。

资料来源：笔者计算得出。

7.2.2 模型形式检验

根据表 7-3 的结果，SDM 最适合样本数据，也符合本书的理论设计。第一，应用考虑空间因素的模型进行参数估计。对 EBM-DEA 与 SBM-DEA 测度的绿色经济效率为被解释变量的两个模型 OLS 估计结果的残差项进行空间相关性检验，分析是否应运用空间计量模型进行参数估计。LM-lag 和 LM-err 的统计结果均在 1% 的水平上显著并且强烈拒绝原假设，表明模型存在显著的空间相关性，均表明不考虑空间因素的计量模型容易导致估计结果的偏误。第二，SDM 最适用于本书的样本数据估计。Wald-lag、LR-lag、Wald-err、LR-err 四个统计量均在 1% 的水平上显著，均拒绝 SDM 能转化为 SAR 或 SEM 的假设，说明 SDM 能够更为精确地诠释解释变量对被解释变量的作用关系和形式，且 Hausman 检验结果显示固定效应优于随机效应。综上，本书将主要采用地区时间双固定效应的静态空间面板杜宾模型进行参数估计。但为了更好地对比，本书同时展示 OLS、SAR、SEM 的结果以证明 SDM 结果的合理性。

表 7-3 空间模型形式设定检验

模型	LM-lag	LM-err	Wald-lag	LR-lag	Wald-err	LR-err
EBM-DEA	7.0104 *** [0.0080]	5.2628 *** [0.0022]	42.9620 *** [0.0000]	39.0356 *** [0.0000]	46.0857 *** [0.0000]	41.4172 *** [0.0000]

模型	LM-lag	LM-err	Wald-lag	LR-lag	Wald-err	LR-err
SBM-DEA	7.3953 *** [0.0070]	5.7222 *** [0.0017]	34.0895 *** [0.0000]	31.6993 *** [0.0000]	36.8213 *** [0.0000]	33.9042 *** [0.0000]

注：中括号内数值为相伴概率；***、**、*分别表示1%、5%、10%的显著水平。

资料来源：笔者计算得出。

7.3 实证分析

7.3.1 模型估计结果分析

本章仍选用能够较为精确估计静态空间面板模型且能尽量避免内生性问题的极大似然估计对式7-1进行参数估计。对比模型1至模型4的估计结果，采用OLS混合回归估计的模型1中城镇空间治理网络关联结构的节点接近中心度的估计系数结果不显著，说明未考虑残差空间相关性的参数估计方法容易导致模型估计结果的偏误。而模型4的SDM模型核心解释变量及各控制变量待估系数的显著性水平及拟合优度明显高于其他模型，且更加符合本书的理论机制设计。结合前文检验结果，模型4具有最为优良的理论预期及计量技术表现，故本书将重点聚焦模型4的估计结果（见表7-4）。

表7-4 城镇空间治理多中心网络关联结构对绿色经济效率影响的
估计结果（EBM-DEA）

变量	非空间 OLS 混合回归	SAR 地区时间双固定	SEM 地区时间双固定	SDM 地区时间双固定
	模型1	模型2	模型3	模型4
CCI	0.0141 (1.5000)	0.0036 (0.3986)	0.0032 (0.3757)	0.0260 *** (2.6184)
ISU	0.0231 ** (2.1000)	0.0291 ** (2.0963)	0.0274 ** (2.1193)	0.0385 *** (2.8967)
INT	0.0463 ** (2.2800)	0.0054 (0.2351)	0.0091 (0.4070)	0.0354 (1.5455)

续表

变量	非空间 OLS 混合回归	SAR 地区时间双固定	SEM 地区时间双固定	SDM 地区时间双固定
	模型 1	模型 2	模型 3	模型 4
HCP	0.0072 (1.2900)	0.0124* (1.9083)	0.0137** (2.2128)	0.0119* (1.9440)
UBR	−0.2834 (−1.6200)	0.0141 (0.0562)	0.0273 (0.1148)	−0.4053* (−1.6719)
LIC	0.1465*** (3.8900)	−0.0749 (−1.0034)	−0.0755 (−1.0713)	−0.0441 (−0.6016)
FDI	0.0099 (1.5400)	0.0147** (2.2825)	0.0171*** (2.8538)	0.0190*** (3.1593)
CS	−0.4774*** (−3.1300)	−0.5011*** (−2.6643)	−0.4725*** (−2.6734)	−0.5971*** (−3.4151)
FAI	−0.2967*** (−6.2900)	−0.2358*** (−3.7552)	−0.2190*** (−3.6327)	−0.1940*** (−3.1913)
PEE	−3.4495 (−1.5300)	−5.2215** (−2.1623)	−5.5428** (−2.4345)	−5.4835** (−2.4583)
W. CCI	—	—	—	0.7406*** (3.7281)
W. ISU	—	—	—	0.0217 (0.1919)
W. INT	—	—	—	0.3274* (1.7988)
W. HCP	—	—	—	0.0982 (1.4070)
W. UBR	—	—	—	−4.1268** (−2.1182)
W. LIC	—	—	—	0.2733 (0.5405)
W. FDI	—	—	—	0.1416*** (3.2136)
W. CS	—	—	—	0.2080 (0.1374)
W. FAI	—	—	—	0.9282** (2.2084)

变量	非空间 OLS 混合回归	SAR 地区时间双固定	SEM 地区时间双固定	SDM 地区时间双固定
	模型 1	模型 2	模型 3	模型 4
$W.PEE$	—	—	—	−11.7612 (−0.7358)
ρ 或 λ	—	−0.5718*** (−2.6518)	−0.7790*** (−3.3635)	0.9840*** (4.2769)
R^2	0.5556	0.8627	0.8550	0.8817
地区固定效应	No	Yes	Yes	Yes
时间固定效应	Yes	Yes	Yes	Yes
N	330	330	330	330

注：***、**、*分别表示 1%、5%、10%的显著水平。
资料来源：笔者计算得出。

多中心城镇空间治理网络关联结构能促进区域绿色经济效率提升。根据模型 4 的估计结果，接近中心度及其空间滞后项的估计系数均在 1%的水平上显著为正，系数分别为 0.0260 和 0.7406，与绿色经济效率呈显著正相关。这说明当本地区和邻地的城镇空间治理强度不断提高且趋向网络关联结构的中心节点地位时，对地区绿色经济效率具有正向促进效应。同时，接近中心度空间滞后项的估计系数明显大于本地区的相关系数，表明本地区的城镇空间治理强度越趋向中心节点地位，越会对邻地城镇空间节点的绿色经济效率产生正向激励效应，即邻地的城镇空间治理强度越趋向中心节点地位，越能带动本地区绿色经济效率的提升。这给我们的启示是区域整体绿色经济效率的提高不能仅依靠各空间单元的自治，在京津冀及周边地区实施跨行政单元的城镇空间协同治理十分必要。而当各空间单元治理强度不断提高且趋同时，网络关联结构更趋向于"多中心"，这势必驱动区域绿色经济效率的整体提升。从区域城镇空间治理强度差异系数看，2017 年为 0.3145，较 2007 年（0.3495）下降，且整体呈现逐年下降的态势，说明各节点的治理强度差距不断缩小，而接近中心度的空间差异系数从 2007 年的 0.2787 下降到 2017 年的 0.2462，表明网络关联正朝着多中心结构转变，而其与绿色经济效率的正相关关系也再次验证"多中心城镇空间治理网络关联结构能提升区域绿色经济效率"的假设。

在控制变量方面，*ISU* 的估计系数在 1% 的水平上显著为正，说明本地区产业结构高级化能有效促进绿色经济效率提升。*FDI* 的估计系数在 1% 的水平上显著为正，说明现阶段外商直接投资为地区绿色经济注入新动能，能显著提升地区绿色经济效率，且邻地 *FDI* 的估计系数大于本地区，说明外商直接投资对绿色经济效率具有显著的溢出效应，能够助力各地区要素投入结构和经济结构的绿色化转型。*HCP* 在 10% 的水平上显著为正，说明科技人力资本能促进绿色经济效率提升。*UBR*、*CS*、*FAI*、*PEE* 分别在 10%、1%、1% 和 5% 的水平上显著为负，说明当前的城镇化亟待向以绿色生态、效率优先、智慧治理为目标的新型模式转型；而现阶段的消费、投资及公共教育也尚未形成绿色经济新动力，亟须关注绿色生产、消费与绿色发展意识培育。*LIC* 的估计系数不显著，可能是由于在多中心城镇空间治理网络关联结构下，劳动力的跨区域转移更多地受到治理引致的产业结构变迁的影响，收入水平等对要素迁移的影响力有所弱化，要素结构变化与收入水平"脱钩"。此外，在城镇空间治理网络关联结构趋向多中心的过程中，低效污染产业转移将逐步停止，产业结构高级化需要有产业链分工机制才能发挥溢出效应。而当前京津冀及周边地区产业链分工格局尚不明朗，故表现为邻地产业结构高级化的估计系数为正值但不显著。这造成了绿色经济效率与收入水平、产业转移以及消费水平"脱钩"的现象。

7.3.2 SNA-QAP 检验

为进一步检验多中心城镇空间治理网络关联结构对绿色经济效率的作用关系与影响效应，也为更加准确判断控制变量的网络关联是否会对绿色经济效率产生影响，本书采用 SNA 中构建各变量关系矩阵并运用 SNA-QAP 进行回归分析，构建如下模型：

$$GEE = f(CCI, ISU, INT, HCP, UBR, LIC, FDI, CS, FAI, PEE) \qquad (式7-2)$$

其中，*GEE* 表征绿色经济效率空间网络关联矩阵，*CCI* 表征接近中心度空间网络关联矩阵，*ISU* 表征产业结构高级化空间网络关联矩阵，*INT* 表征信息化水平空间网络关联矩阵，*HCP* 表征科技人力资本空间网络关联矩阵，

UBR 表征城镇化率空间网络关联矩阵，*LIC* 表征收入水平空间网络关联矩阵，*FDI* 表征外商直接投资空间网络关联矩阵，*CS* 表征消费水平空间网络关联矩阵，*FAI* 表征固定资产投资空间网络关联矩阵，*PEE* 表征公共教育支出空间网络关联矩阵。矩阵生成运用共现矩阵的设置方法，选取 2007 年、2012 年和 2017 年的数据进行回归分析。经过 2000 次随机置换，得到城镇空间治理网络关联结构与绿色经济效率的相关性回归结果（见表 7-5）。

表 7-5　城镇空间治理网络关联结构对绿色经济效率
影响的 QAP 分析（EBM-DEA）

变量	2007 年		2012 年		2017 年	
	标准化系数	非标准化系数	标准化系数	非标准化系数	标准化系数	非标准化系数
CCI	0.0939 ***	0.0965 ***	0.0917 *	0.0936 *	0.6671 ***	0.6787 ***
ISU	0.1715 ***	0.1726 ***	0.1175 ***	0.1148 ***	0.1081 ***	0.1113 ***
INT	0.0022	0.0022	0.1517 ***	0.1529 ***	0.4163 ***	0.4191 ***
HCP	−0.0248	−0.0232	−0.0096	−0.0091	0.0046	0.0045
UBR	0.1654 ***	0.1635 ***	0.0450	0.0447	0.0540 *	0.0542 *
LIC	0.5473 ***	0.5534 ***	0.4668 ***	0.4750 ***	−0.3659 **	−0.3723 **
FDI	0.0554 **	0.0530 **	0.0433 **	0.0420 **	0.0536 **	0.0529 **
CS	0.1074 ***	0.1068 ***	0.1834 ***	0.1846 ***	−0.0106	−0.0107
FAI	−0.1621 ***	−0.1623 ***	−0.0849 ***	−0.0868 ***	0.0871 ***	0.0888 ***
PEE	−0.0117	−0.0114	−0.0426 *	−0.0414 *	−0.0658 **	−0.0659 **
截距项	0.0086	0.0000	0.0032	0.0000	0.0036	0.0000

注：***、**、*分别表示 1%、5%、10% 的显著水平。
资料来源：笔者计算得出。

城镇空间治理网络关联结构对绿色经济效率具有正向促进作用。*CCI* 3个年份的标准化系数分别在 1%、10% 和 1% 的水平上显著为正，说明多中心城镇空间治理网络结构对绿色经济效率的关联作用显著，随着治理结构由"垂直型"向"多中心"逐步转变，绿色经济效率的提升水平越来越高，关联效应和趋同效应越来越显著。因此，要加快提升低治理水平节点的治理强度，促进"多中心"乃至"水平型"网络结构的稳固，只有这样才能有效提升区域整体绿色经济效率。

从其他控制变量看，*ISU* 3 个年份的标准化系数均在 1% 的水平上显著为正，说明各节点产业结构高级化关联越显著，越可以加强区际产业协作和要素流动，促进绿色经济效率协同提高。*INT* 的标准化系数由 2007 年的不显著转向 2012 年和 2017 年的在 1% 水平上显著，说明信息化的溢出效应已经呈现，区域内信息化关联能有效带动数字经济新业态发展，进而提升绿色经济效率。2017 年 *FDI* 的标准化系数在 5% 的水平上显著为正，说明外商直接投资在节点的溢出效应可能会影响其他节点投资的流向及规模，进而形成关联效应，促进区域绿色经济效率提升。*LIC* 的标准化系数由 2007 年的在 1% 的水平上显著为正转为 2017 年的在 5% 的水平上显著为负，这与前文的估计结果一致，可能是劳动力要素流动与收入水平"脱钩"导致，进而作用于绿色经济效率，表现为负向关系。*HCP* 的标准化系数不显著，这可能与科技人力资本集中在北京、天津等高行政级别城市，缺乏区域内流动性、关联性有关。2017 年 *FAI* 的标准化系数在 1% 的水平上已呈现对绿色经济效率的正向促进作用。*CS* 的标准化系数由 2007 年的显著为正转向 2017 年的不显著，2017 年 *PEE* 的标准化系数在 5% 的水平上显著为负，说明应尽快升级现有的消费模式和教育理念，以进一步完善绿色发展体系。

7.4　稳健性检验

7.4.1　替换被解释变量

表 7-6 的估计结果与表 7-4 总体保持一致，表明实证结果是稳健的。首先，应用 SDM 模型最适用于本书的理论设计。比较模型 8 与模型 5 的估计结果，替换被解释变量后 SDM 的变量显著性水平和拟合优度仍高于 OLS 估计结果，说明考虑空间因素的模型适合本书的理论假设检验。其次，从模型 8 看，核心解释变量 *CCI* 及其空间滞后项的估计系数分别在 5% 和 1% 的水平上显著为正，且空间滞后项的系数为 0.9578，大于主效应的估计系数，充分说明区域内各节点的城镇空间治理网络关联趋向多中心结构能够有效提升区域绿色经济效率，与前文主模型得到的结果完全一致。最后，在控制变量方面，模

型 8 中本地区的 *ISU*、*FDI* 与绿色经济效率呈显著的正相关关系，*CS*、*FAI*、*PEE* 与绿色经济效率呈显著负相关关系；*FDI* 对邻地的绿色经济效率具有正向溢出效应，与主模型估计结果总体一致。综合来看，假设 3 得到稳健的验证。

表 7-6　城镇空间治理多中心网络关联结构对绿色经济效率
影响的估计结果（SBM-DEA）

变量	非空间 OLS 混合回归	SAR 地区时间双固定	SEM 地区时间双固定	SDM 地区时间双固定
	模型 5	模型 6	模型 7	模型 8
CCI	0.0263 *	0.0117	0.0108	0.0398 **
	（1.7500）	（0.8037）	（0.7799）	（2.4619）
ISU	0.0439 **	0.0452 *	0.0420 **	0.0622 ***
	（2.5300）	（2.0203）	（2.0296）	（2.8774）
INT	0.067 **	0.0062	0.0154	0.0578
	（2.1200）	（0.1679）	（0.4295）	（1.5482）
HCP	0.0055	0.0139	0.0157	0.0143
	（0.6400）	（1.3290）	（1.5849）	（1.4419）
UBR	−0.2659	0.1024	0.1023	−0.5244
	（−0.9800）	（0.2538）	（0.2684）	（−1.3291）
LIC	0.1889 ***	−0.1661	−0.1688	−0.1326
	（3.1900）	（−1.3841）	（−1.4974）	（−1.1131）
FDI	0.0090	0.0160	0.0211 **	0.0231 **
	（0.8800）	（1.5451）	（2.2086）	（2.3583）
CS	−0.6638 ***	−0.7262 **	−0.6805 **	−0.8705 ***
	（−2.7900）	（−2.4021）	（−2.4060）	（−3.0613）
FAI	−0.4654 ***	−0.3739 ***	−0.3412 ***	−0.3039 ***
	（−6.2600）	（−3.7048）	（−3.5231）	（−3.0755）
PEE	−3.2293	−5.9283	−6.7344 *	−6.4781 *
	（−0.9100）	（−1.5275）	（−1.8490）	（−1.7848）
W. CCI	—	—	—	0.9578 ***
				（2.9653）
W. ISU	—	—	—	0.0860
				（0.4671）
W. INT	—	—	—	0.5859 **
				（1.9787）

变量	非空间 OLS 混合回归	SAR 地区时间双固定	SEM 地区时间双固定	SDM 地区时间双固定
	模型 5	模型 6	模型 7	模型 8
W. HCP	—	—	—	0.1430 (1.2595)
W. UBR	—	—	—	−7.1140 ** (−2.2457)
W. LIC	—	—	—	0.2112 (0.2566)
W. FDI	—	—	—	0.2192 *** (3.0675)
W. CS	—	—	—	−0.4160 (−0.1691)
W. FAI	—	—	—	1.1868 * (1.7361)
W. PEE	—	—	—	−27.3567 (−1.0531)
ρ 或 λ	—	−0.6027 *** (−2.7697)	−0.9420 *** (−3.9518)	0.9820 *** (4.2362)
R^2	0.6023	0.8458	0.8362	0.8640
地区固定效应	No	Yes	Yes	Yes
时间固定效应	No	Yes	Yes	Yes

注：***、**、* 分别表示 1%、5%、10%的显著水平。

资料来源：笔者计算得出。

7.4.2 替换建模方式

采用空间杜宾误差修正模型对以 EBM-DEA 为被解释变量的式 7-1 进行稳健性检验，同样得到了与前文基本一致的估计结果：节点接近中心度及其空间滞后项均在 1%的显著性水平上显著，再次严格证明了假设 3。在控制变量方面，*ISU*、*FDI* 和 *HCP* 分别在 1%、1% 和 10%的水平上显著为正，说明上述 3 个变量能有效促进绿色经济效率提升；*UBR*、*CS*、*FAI* 和 *PEE* 显著为负，未能对绿色经济效率起到促进作用；邻地 *ISU* 的不显著说明京津冀及周边地区的产业分工与功能互补机制亟待完善。综上来看，稳健性检验与主模型结果保持一致，本书得出的结论稳健可信（见表 7-7）。

表 7-7　基于 SDM 误差修正模型的稳健性检验结果

变量	估计结果	变量	估计结果
CCI	0.0260 *** (2.6170)	$W.CCI$	0.7403 *** (3.7259)
ISU	0.0385 *** (2.8972)	$W.ISU$	0.0216 (0.1905)
INT	0.0354 (1.5435)	$W.INT$	0.3273 * (1.7976)
HCP	0.0119 * (1.9432)	$W.HCP$	0.0981 (1.4051)
UBR	−0.4051 * (−1.6706)	$W.UBR$	−4.1250 ** (−2.1168)
LIC	−0.0441 (−0.6017)	$W.LIC$	0.2733 (0.5403)
FDI	0.0190 *** (3.1564)	$W.FDI$	0.1415 *** (3.2111)
CS	−0.5971 *** (−3.4145)	$W.CS$	0.2092 (0.1383)
FAI	−0.1941 *** (−3.1928)	$W.FAI$	0.9288 ** (2.2093)
PEE	−5.4814 ** (−2.4569)	$W.PEE$	−11.7195 (−0.7331)
ρ	0.6840 *** (4.22)	N	330
地区固定效应	Yes	时间固定效应	Yes
R^2	0.8816	$Log\text{-}likelihood$	412.3013

注：***、**、* 分别表示 1%、5%、10%的显著水平。
资料来源：笔者计算得出。

7.5　本章小结

本章运用 SDM 时空双固定效应模型和 QAP 分析对假设 3 进行严格验证，

得出以下基本结论。第一，多中心城镇空间治理网络关联结构能提升区域绿色经济效率。接近中心度具有明显的空间溢出效应，当各节点都趋向网络的中心地位，即城镇空间治理网络关联从"垂直型"结构向多中心"水平型"结构转变，能有效带动绿色经济效率提升。第二，城镇空间治理网络关联水平直接影响区域绿色经济效率。运用 SNA-QAP 分析，得出城镇空间治理强度的关联水平与绿色经济效率关联水平呈显著正相关关系，即城镇空间治理的协同联动水平越高，越能有效促进区域绿色经济效率的整体提升。第三，产业结构高级化、外商直接投资、科技人力资本、信息化水平的空间协同联动越紧密，越能促进区域绿色经济效率提升，但目前京津冀及周边地区的科技人力资本仅集聚在少数发达节点，其流动性不足导致高技能要素空间溢出效应和协同关联效应不明显。而收入水平不显著预示着绿色发展的市场自发调节机制不足，这需要从"消费—生产""产业集聚—产业链分工"的绿色转型链视角构筑长效机制，提升政府与市场协同联动能力。城镇化水平、消费水平、固定资产投资和公共教育支出尚未形成各地区绿色转型的新动能，且空间联动不足，仍需加快向绿色发展理念及区域绿色转型模式转变。第四，提高区域整体绿色经济效率需要在京津冀及周边地区实施跨行政单元的城镇空间协同治理。只有提高各空间单元治理强度，加快城镇空间治理的协同联动，规避治理的负外部性，发挥绿色动能的溢出效应，才能促进区域绿色经济效率的整体提升。在这个过程中，还要加快科技人力资本等高技能要素的异地流动，重视发挥新型城镇化、消费、投资和教育对绿色转型的支持作用。

第8章　研究结论与对策建议

8.1　研究结论

第一，生态文明视域下城镇空间治理是统筹政府、市场、公众多元主体和资源、生态、环境多重客体的复合体系，其目标是通过管控空间绿色利用来倒逼经济绿色转型。城镇空间内含于国土空间，具有与其相同的基本属性。首先，城镇空间具有物质承载性，是资源、生态和环境等客体空间的综合。其次，城镇空间具有社会经济属性，是价值转化和社会关系再生产的媒介。最后，城镇空间具有联通延展性，是实体联通、流动溢出和行为延展的交织。本书在研究城镇空间客观实体属性的基础上，立足资源高效利用、生态安全和环境改善，从治理主体多元性、治理客体多重性、治理方式集成性、治理目标聚焦性层面界定生态文明视域下城镇空间治理的内涵，阐释了其目标是以空间绿色利用管控倒逼经济的绿色转型，进而将治理方式聚焦资源利用管控、生态功能修复、环境污染规制3个方面并构建评价指标体系，为实证研究提供核心解释变量的测度依据。

第二，构建生态文明视域下城镇空间治理影响绿色经济效率的理论分析框架，根据"直接作用""中介传导""协同关联"3条路径及影响形式，提出3条假设。在界定生态文明视域下城镇空间治理和绿色经济效率内涵的基础上，本书详细阐述两者的作用机理，并聚焦"直接作用路径""中介传导路径""协同关联路径"，进而提出假设。

第三，从时间维度看，京津冀及周边 30 个城市的城镇空间治理强度总体呈现先降后升的"U"形变动态势。从空间维度看，京津冀及周边 30 个城市的城镇空间治理强度总体呈现多层"核心—外围"格局，内部差距较大。

第四，从时间维度看，京津冀及周边 30 个城市的绿色经济效率整体呈现递增态势。从空间维度看，京津冀及周边 30 个城市的绿色经济效率整体呈现"东南高—西北低"的特征。

第五，运用空间杜宾模型对城镇空间治理强度与绿色经济效率进行实证检验，提出城镇空间治理强度对绿色经济效率具有显著影响且呈现"U"形作用关系的结论。从平均水平看，资源利用管控、生态功能修复和环境污染规制的强度要接近 50%，才能真正发挥城镇空间治理对绿色经济效率的提升作用。

第六，运用空间中介效应模型验证假设 2，发现无论是本地视角还是邻地视角，城镇空间治理对产业结构高级化和绿色经济效率的影响均在相应的水平上显著，验证了产业结构高级化是城镇空间治理影响绿色经济效率的中介变量的假设。城镇空间治理更容易形成产业结构升级效应，要以完善的治理体系尽快提高城镇空间治理强度，尽快跨过拐点，增强治理正外部性。同时，要关注区域协同治理，规避空间分选引致的"污染避难所"现象。

第七，在城镇空间治理网络关联的视角下，验证了多中心城镇空间治理网络关联结构与绿色经济效率的作用关系，得出以下两点结论。一是城镇空间治理网络关联从"垂直型"结构向"水平型"结构转变，能有效提升绿色经济效率。二是城镇空间治理的协同联动水平越高，越能有效促进区域绿色经济效率的整体提升。这启示我们要实现区域绿色经济效率的提升，一方面要注重提高城镇空间协同治理水平，另一方面要发挥政府与市场的合力，重视对人力资本、信息技术等绿色发展新动能的培育，加快构建以市场配置资源为基础的要素流动、产业链分工与空间协同治理长效机制，发挥新型城镇化、消费、投资和教育对绿色转型的支持作用。

8.2 对策建议

8.2.1 以城镇空间治理体系支撑绿色发展

一是打造城镇空间治理利益共同体，构建统筹多元主体的长效协作机制。第一，建立区域互信机制，营造良好的治理环境。鉴于城镇空间利用已形成负外部性，建议政府发挥主导作用，建立城镇空间开发利用信息公开平台，包括规划信息公开系统、空间规划与用途管制监管系统、征信系统、企业项目申报系统、公众监督系统、违法举报奖励系统等，一方面对城镇空间开发与利用的主体行为进行公开，有利于全社会监管，鼓励市场主体和社会群体积极参与城镇空间保护与利用；另一方面通过强制性和规范性指令，采取多样化、多渠道的平台沟通方式，既降低协作成本，又有利于解决利益冲突，形成互信的参治环境，为构建城镇空间治理利益共同体提供前提。第二，构建"一纵、一横、多散点"的跨界主体网络化协同治理体系，落实《意见》等政策。通过落实《意见》，在建立"五级三类"规划体系进程中，形成坚决落实国家决策部署、协调"央—地""地—地"两条治理主线的决策执行协调机制和多主体参与的网络化治理结构。建立定期的联席会议制度、重大突发事件合作框架协议机制、国土空间用途管制协商机制、空间资源调配互补机制、空间治理信息共享机制、空间冲突仲裁协商机制，形成政府间协调的常态化、动态化运转格局。借鉴区块链的应用理念，在移动客户端建立"城镇空间信息化平台"，使各市场主体都能有效地监管城镇空间的利用情况，随时在平台上提出监管建议。

二是统筹"资源—生态—环境"三维客体，构建协同治理政策体系。以往的单一领域规划削弱了空间的系统性和完整性，只有考虑空间的系统性，才能提升绿色经济效率。可以借鉴德国、日本的空间规划理念，综合考虑土地利用、环境质量、可持续发展等现实需求，平衡空间利用与经济社会协调发展。第一，立足国土空间规划背景，形成统筹资源利用管控、生态功能修复、环境污染规制的治理评价指标。第二，完善自然资源资产产权管制制度，在整合遥感影像和土地调查数据的基础上，精确梳理辖区内的自然资源，进而进行资源确权登记，明确资源清单和空间范围，为自然资源使用权的市场化交易提供前提，为自然资源资产化后的利益分配提供权属依据。第三，促进城镇建设用地生态化利用。一方面，重视城镇空间的绿地率、水质等生态保育指标，保障绿地生态系统、水生态系统的完整性；另一方面，提升城镇建设用地的生态化利用水平，合理优化城镇空间"绿廊"结构，提高工业园区的绿地率、居住用地的绿化水平、公共空间的绿化水平，以城市更新行动推进工业区向绿化区转型，保护城区公园，适当增加社区公园、"口袋公园"等人工生态设施。第四，严格限制企业排污，加快推广地市层面的排污权交易试点。

三是完善城镇空间治理的保障机制，保护城镇蓝绿空间。以共同财政基金、利益分享、风险共担机制保障城镇空间治理利益共同体常态化运转。如针对特别及时的违法信息披露等行为，通过设立共同财政基金进行奖励；加强对规划政策的解读；借鉴英国、日本的经验，以行业、生态、交通等领域的一体化规划为契机，创新多元主体协同参与机制。在重大基础设施资金投入环节，改变由政府完全出资的传统模式，建立广泛的投融资机制，提高企业、风险投资者参与投资建设、运营管理的积极性，促进市场主体自觉参治。在城镇绿地建设、水域修复、污染规制、企业转型、绿色科技研发等方面发挥多主体比较优势，实现协同治理，共同助力京津冀及周边地区蓝绿空间永续发展。

8.2.2 以产业升级助力城市经济绿色转型

建议聚焦研发绿色创新技术，以高效、清洁、集约的生产方式赋能传统产业，同时立足资源环境承载力，根据地区要素禀赋和产业基础，调整产业结构和区域分工，形成产业链在区域内的优化分工格局，促进区域整体向绿色经济转型，实现经济效益与环境效益的共同提升。

一是发展绿色产业，驱动城市绿色转型。培育和发展以大数据、云计算、智能制造、"互联网+"为代表的新业态，继续扩大节能环保产业、清洁生产产业、清洁能源产业、生态环境产业等基础绿色产业规模，以新基建带动基础设施的绿色化升级，培育绿色服务型产业，同时以教育、科研手段培育后备人力资本，为绿色产业发展和城市经济绿色转型提供新动能。

二是以绿色生产、绿色消费促进产业转型。当前，京津冀及周边地区固定资产投资、消费尚未转向绿色领域，应加快提高新兴产业、节能环保新设备等绿色领域的投融资比例，强化生产投入端、消费端的绿色技术研发，引领消费者提升绿色消费比例，以生产和消费协同推进城市经济绿色转型。

三是构建辐射京津冀及周边地区的"产业链—创新链—园区链"。首先，分阶段提出区域内产业分工规划。结合京津冀协同发展等现实需求，分阶段在区域内规划重点绿色清洁产业，如节能环保、新能源、新材料、高科技等，形成三地间上中下游联动的产业分工格局。其次，建立依托产业链的绿色创新链。依托高校、科研院所等共同体，布局依托产业链的"绿色技术研发—绿色技术中试—绿色技术成果转化—绿色技术推广"区域创新链。再次，促进"产业链—创新链"高度融合。结合数据要素新契机，打造基于创新禀赋优势、产业优势和市场需求的绿色技术研发转化链条，利用人工智能、大数据、节能低碳等技术发展绿色低碳科技型新业态，促进京津冀及周边地区高技术产业智能化、绿色化转型发展。最后，依托现有园区和产业基础，扩大低碳、高技术产业规模，打造一批低碳产业园区、循环经济园区和智慧园区，为区域绿色转型注入扎实动力。

8.2.3 以城镇空间协同治理驱动区域绿色转型

一是优化京津冀及周边地区土地利用结构，全面推动京津冀及周边地区空间协同治理向产业、交通、土地制度等方面深化。在产业协同治理方面，提升土地利用与绿色产业的适配度，提升土地利用效率。在充分评价京津冀及周边地区产业发展基础与优势的前提下，探索编制区域产业协同规划，依托京津冀三地新一代信息技术、电子信息、生物医药、高端装备等绿色优势制造型产业，形成基于比较优势的产业分工新格局，打造世界级先进制造业集群，完善产业升级、转移与承接的落地配套协同治理机制。在此基础上，强化城镇建设用地管理，优先支持先进产业的用地审批，构建区内用地指标跨界交易与税收分享机制，提升土地利用与高端优势产业的耦合水平，提升空间资源利用效率。在交通协同治理方面，制定统筹区域的交通建设用地规划，实现立体化交通网络的互联互通。以京原线（北京—太原）、京广线（北京—郑州段）、京九线（北京—菏泽段）、京沪线（北京—济南段）为基础，依托京津、京唐秦、京保石3个交通骨架强化京津冀及周边地区高速铁路、公路的干线和支线建设，以交通用地统筹规划与建设加快提升地上交通流空间联动能力。同时，以地下空间承载力评价为基础，加快构建以地下快速干线为工具的半小时、1小时、2小时地下公共交通运输圈，增进民生福祉，并结合机场群、港口群，形成以京津为核心，石家庄、郑州、太原、济南为次中心，京津冀为内圈，周边城市为外圈的多圈层、地上地下一体化的立体化交通网络体系，提升要素流动的精准性、时效性和便捷度，提升空间综合利用效率。在制度协同方面，探索区域性建设用地指标异地交易机制，在生态优先、绿色发展的前提下调节不同发展阶段城市的用地需求，在充分认识各城市发展优势的基础上，根据地区发展诉求适当调配城镇建设用地指标，允许发达地区在远离其中心城区的远郊区购买并使用跨省域调剂剩余的少量建设用地指标，并以土地差价作为补偿，以满足两地间用地需求。

二是完善跨区域协同治理保障机制，形成跨界城镇空间一体化治理格局。出台区域一体化的城镇空间协同治理规划，推动区域内空间的协同保护与修复。在绿色考核方面，探索推行"GEP—GDP"双核算机制，量化"绿水青山"的价值，将生态存量保护与增量培育纳入京津冀及周边地区的差异化政绩考核体系；在财政支出方面，设立区域城镇空间协同治理基金，共同强化对区域内水域、山地、林地的修复；在跨界协商方面，建立区域统一的空间治理协调管理委员会、空间规划委员会，明确产业准入环境门槛和技术标准与规范，协调区域内城镇功能空间的治理；在利益共享方面，建立科技成果共享机制、信息公开机制、用地指标交易机制、风险共担机制，形成区域利益共同体协同共治格局。立足京津冀及周边地区的治理现状，加快推动区域间合作与绿色动能转化，为低治理强度地区提供新动能，在转型发展的基础上提高低治理强度地区的治理水平，打破新要素与旧动能集聚的路径依赖，真正实现低治理强度地区的绿色转型，继而实现以城镇空间协同治理带动区域整体绿色转型发展。

参考文献

［1］ 徐建伟：《工业化后期我国制造业发展型式变化及策略建议》，《宏观经济管理》2020 年第 8 期。

［2］ 杨开忠：《新中国 70 年城市规划理论与方法演进》，《管理世界》2019 年第 12 期。

［3］ 高晓路等：《国土空间规划中城镇空间和城镇开发边界的划定》，《地理研究》2019 年第 10 期。

［4］ 陆大道：《我国的城镇化进程与空间扩张》，《城市规划学刊》2007 年第 4 期。

［5］ 刘彦随、杨忍：《中国县域城镇化的空间特征与形成机理》，《地理学报》2012 年第 8 期。

［6］ 曹炳汝、孙巧：《产业集聚与城镇空间格局的耦合关系及时空演化——以长三角区域为例》，《地理研究》2019 年第 12 期。

［7］ D. B. Truman, "The Governmental Process," *Review of Policy Research* 4 (1951).

［8］ G. Stoker, "Local Governance in Britain," *Glasgow Department of Government* 11 (1994).

［9］ 俞可平主编《治理与善治》，社会科学文献出版社，2000。

［10］ 王浦劬：《国家治理、政府治理和社会治理的含义及其相互关系》，《国家行政学院学报》2014 年第 3 期。

［11］ C. N. Stone, "Urban Regimes and the Capacity to Govern: A Political Economy Approach," *Journal of Urban Affairs* 1 (1993).

[12] H. Lefebvre, *The Production of Space* (Oxford: Blackwell Ltd, 1991).

[13] P. Healey, "Transforming Governance: Challenge of Institutional Adaptation and a New Politics of Space," *European Planning Studies* 3 (2006).

[14] 张兵等:《城镇开发边界与国家空间治理——划定城镇开发边界的思想基础》,《城市规划学刊》2018年第4期。

[15] 黄征学:《发展规划和国土空间规划协同的难点及建议》,《城市规划》2020年第6期。

[16] 黄贤金:《美丽中国与国土空间用途管制》,《中国地质大学学报》(社会科学版)2018年第6期。

[17] 严金明、张东昇、迪力沙提·亚库甫:《国土空间规划的现代法治:良法与善治》,《中国土地科学》2020年第4期。

[18] 王德起:《城镇国土空间优化配置机制及路径》,《南开学报》(哲学社会科学版)2021年第1期。

[19] 杨伟民:《必须重视城市空间发展与治理》,《中国城市报》2019年8月12日。

[20] 谢尼阔夫:《植物生态学》,王汶译,新农出版社,1953。

[21] M. Allaby, *A Dictionary of Ecology* (*2nd EDN*) (Oxford University Press, Oxford, 1998).

[22] 王孟本:《"生态环境"概念的起源与内涵》,《生态学报》2003年第9期。

[23] 黎兵、王寒梅、史玉金:《资源、环境、生态的关系探讨及对自然资源管理的建议》,《中国环境管理》2021年第3期。

[24] 卢伟:《我国城市群形成过程中的区域负外部性及内部化对策研究》,《中国软科学》2014年第8期。

[25] C. Matteo, et. al, "*Urban Growth, Economic Structures and Demographic Dynamics: Exploring the Spatial Mismatch between Planned and Actual Land-use in a Mediterranean City*," *International Planning Studies* 4 (2018).

[26] 姜广辉等:《北京国土空间结构与未来空间秩序研究——基于主体功能

区划框架》，《中国人口·资源与环境》2011 年第 1 期。

［27］ 林伯强、邹楚沅：《发展阶段变迁与中国环境政策选择》，《中国社会科学》2014 年第 5 期。

［28］ 王桂新：《中国"大城市病"预防及其治理》，《南京社会科学》2011 年第 12 期。

［29］ 赵聚军：《跳跃式城镇化与新式城中村居住空间治理》，《国家行政学院学报》2015 年第 1 期。

［30］ 王志锋：《城市治理多元化及利益均衡机制研究》，《南开学报》（哲学社会科学版）2010 年第 1 期。

［31］ 谢晗进、刘满凤、江雯：《我国工业化和城镇化协调的空间偏效应与污染集聚治理研究——基于 SLXM 模型》，《南京财经大学学报》2019 年第 3 期。

［32］ 李国平、孙铁山：《网络化大都市：城市空间发展新模式》，《城市发展研究》2013 年第 5 期。

［33］ 陆小成、万千：《新型城镇化的空间生产与网络治理——基于五大发展理念的视角》，《西南民族大学学报》（人文社科版）2016 年第 9 期。

［34］ 陆大道：《中速增长：中国经济的可持续发展》，《地理科学》2015 年第 10 期。

［35］ D. Pearce, A. Markandya, E. B. Barbier, *Blueprint for a Areen Economy* (London: Earthscan Publication Limited, 1989).

［36］ 诸大建：《从"里约+20"看绿色经济新理念和新趋势》，《中国人口·资源与环境》2012 年第 9 期。

［37］ UNEP, *Towards a Green Economy: Pathways to Sustainable Development and Poverty Eradication*, 2 Novermber 2014, http://www.unep.org/greeneconomy.

［38］ 商迪、李华晶、姚珺：《绿色经济、绿色增长和绿色发展：概念内涵与研究评析》，《外国经济与管理》2020 年第 12 期。

［39］ 杨龙、胡晓珍：《基于 DEA 的中国绿色经济效率地区差异与收敛分析》，《经济学家》2010 年第 2 期。

［40］ E. M. Ahmed，"Green TFP Intensity Impact on Sustainable East Asian Productivity Growth，" *Economic Analysis and Policy* 1（2012）.

［41］ 钱争鸣、刘晓晨：《中国绿色经济效率的区域差异与影响因素分析》，《中国人口·资源与环境》2013 年第 7 期。

［42］ I. David，"*Reformulating Urban Regime Theory：The Division of Labor between State and Market Reconsidered*，" *Journal of Urban Affairs* 3（1998）.

［43］ P. Jon，"Theory of City Regime，Theory of City Governance and Comparative City Politics，" *Urban Affairs Review* 6（2014）.

［44］ S. Elkin，"Twentieth Century Urban Regimes，" *Journal of Urban Affairs* 3（1985）.

［45］ 郭旭、田莉：《"自上而下"还是"多元合作"：存量建设用地改造的空间治理模式比较》，《城市规划学刊》2018 年第 1 期。

［46］ D. Kaufmann，A. Kraay，"Growth without Governance，" *Social Science Electronic Publishing* 1（2002）.

［47］ A. P. Jose，"Intergovernmental Relations for Environmental Governance：Cases of Solid Waste Management and Climate Change in Two Malaysian States，" *Journal of Environmental Management*（2019）.

［48］ 李伟、夏卫红：《城市群府际治理机制：区域经济一体化的路径选择》，《天津行政学院学报》2011 年第 5 期。

［49］ 崔晶、宋红美：《城镇化进程中地方政府治理策略转换的逻辑》，《政治学研究》2015 年第 2 期。

［50］ 王鹏：《跨域治理视角下地方政府间关系及其协调路径研究》，《贵州社会科学》2013 年第 2 期。

［51］ 黄溶冰：《府际治理、合作博弈与制度创新》，《经济学动态》2009 年第 1 期。

［52］ 周诚君、洪银兴：《城市经营中的市场、政府与现代城市治理：经验回顾和理论反思》，《改革》2003 年第 4 期。

［53］ W. Kevin，"Rereading Urban Regime Theory：A Sympathetic Critique，" *Geoforum* 4（1996）.

［54］ 王佃利：《城市治理体系及其分析维度》，《中国行政管理》2008 年第 12 期。

［55］ 梁波、金桥：《城市社区治理中的社会参与问题调查与分析——以上海宝山社区共治与自治为例》，《城市发展研究》2015 年第 5 期。

［56］ 王海荣、韩建力：《中华人民共和国成立 70 年以来城市空间治理的历史演进与政治逻辑》，《华中科技大学学报》（社会科学版）2019 年第 5 期。

［57］ 盛广耀：《城市治理研究评述》，《城市问题》2012 年第 10 期。

［58］ 陶希东：《20 世纪美国跨州大都市区跨界治理策略与启示》，《城市规划》2016 年第 8 期。

［59］ 陈进华：《中国城市风险化：空间与治理》，《中国社会科学》2017 年第 8 期。

［60］ 张京祥、陈浩：《空间治理：中国城乡规划转型的政治经济学》，《城市规划》2014 年第 11 期。

［61］ 熊竞等：《从"空间治理"到"区划治理"：理论反思和实践路径》，《城市发展研究》2017 年第 11 期。

［62］ 孙久文：《论新时代区域协调发展战略的发展与创新》，《国家行政学院学报》2018 年第 4 期。

［63］ 张可云、杨孟禹：《城市空间错配问题研究进展》，《经济学动态》2015 年第 12 期。

［64］ H. Lefebvre, *The Urban Revolution* (Minneapolis：University of Minnesota Press, 2003).

［65］ H. David, *The Urbanizationof Capital：Studies in the History and Theory of Capitalist Urbanization* (Basil Blackwell, 1985).

［66］ 吴细玲：《西方空间生产理论及我国空间生产的历史抉择》，《东南学术》2011 年第 6 期。

［67］ 〔美〕戴维·哈维：《正义、自然和差异地理学》，胡大平译，上海人民出版社，2010。

［68］ 张佳：《大卫·哈维的空间正义思想探析》，《北京大学学报》（哲学社

会科学版）2015 年第 1 期。

［69］ B. Ipshita, "Elite Discourse Coalitions and the Governance of 'Smart Spaces': Politics, Power and Privilege in India's Smart Cities Mission," *Political Geography* (2019).

［70］ I. Oliver, S. Axel, "Spatialities of Governance: Spatial Imaginations Associated with Market, Hierarchy, Networks and Communities," *Geography Compass* 10 (2012).

［71］ Z. Karsten, G. Panagiotis, "Rescaling of Metropolitan Governance and Spatial Planning in Europe: An Introduction to the Special Issue," *Raumforschung und Raumordnung-Spatial Research and Planning* 3 (2017).

［72］ C. Ilan, "Taking Time, Sharing Spaces: Adaptive Risk Governance Processes in Rural Japan," *International Journal of Disaster Risk Science* 4 (2018).

［73］ P. Angeliki, et. al, "Perspective on Space and Security Policy, Programmes and Governance in Europe," *Acta Astronautica* (2019).

［74］ Y. Komori, "Evaluating Regional Environmental Governance in Northeast Asia," *Asian Affairs: an American Review* 1 (2010).

［75］ 顾朝林：《发展中国家城市管治研究及其对我国的启发》，《城市规划》2001 年第 9 期。

［76］ N. Brenner, *New State Spaces: Urban Governance and the Rescaling of Statehood* (Oxford: Oxford University Press, 2004).

［77］ 江曼琦、刘勇：《"三生"空间内涵与空间范围的辨析》，《城市发展研究》2020 年第 4 期。

［78］ 陆小成：《新型城镇化的空间生产与治理机制——基于空间正义的视角》，《城市发展研究》2016 年第 9 期。

［79］ 彭文英、李若凡：《生态共建共享视野的路径找寻；例证京津冀》，《改革》2018 年第 1 期。

［80］ 刘卫东：《经济地理学与空间治理》，《地理学报》2014 年第 8 期。

［81］ 黄征学、张燕：《完善空间治理体系》，《中国软科学》2018 年第

10 期。

[82] 王喆、唐婍婧：《首都经济圈大气污染治理：府际协作与多元参与》，《改革》2014 年第 4 期。

[83] 邱均平等编著《科学计量学》，科学出版社，2016。

[84] 林坚、赵晔：《国家治理、国土空间规划与"央地"协同——兼论国土空间规划体系演变中的央地关系发展及趋向》，《城市规划》2019 年第 9 期。

[85] 王开泳、陈田：《"十四五"时期行政区划设置与空间治理的探讨》，《中国科学院院刊》2020 年第 7 期。

[86] 王文燕等：《厘清"三线一单"制度与技术逻辑支撑国家生态环境治理体系现代化》，《中国环境管理》2020 年第 6 期。

[87] 岳文泽、王田雨：《中国国土空间用途管制的基础性问题思考》，《中国土地科学》2019 年第 8 期。

[88] 邓红蒂、袁弘、祁帆：《基于自然生态空间用途管制实践的国土空间用途管制思考》，《城市规划学刊》2020 年第 1 期。

[89] 纪涛、杜雯翠、江河：《推进城镇、农业、生态空间的科学分区和管治的思考》，《环境保护》2017 年第 21 期。

[90] 周小平、赵萌、钱辉：《协同治理视角下空间规划体系的反思与建构》，《中国行政管理》2017 年第 10 期。

[91] 樊杰：《我国"十四五"时期高质量发展的国土空间治理与区域经济布局》，《中国科学院院刊》2020 年第 7 期。

[92] 温锋华、姜玲：《京津冀区域国土空间协同治理：历程、特征与趋势》，《城市发展研究》2020 年第 4 期。

[93] 张京祥、庄林德：《管治及城市与区域管治——一种新制度性规划理念》，《城市规划》2000 年第 6 期。

[94] 吴庆华：《共享街区：城市空间治理的实践原则与路径》，《理论导刊》2017 年第 7 期。

[95] 陈水生：《中国城市公共空间治理模式创新研究》，《江苏行政学院学报》2018 年第 5 期。

［96］殷洁、罗小龙、肖菲：《国家级新区的空间生产与治理尺度建构》，《人文地理》2018 年第 3 期。

［97］唐晓峰：《北京传统城市空间治理：遗产与挑战》，《地理研究》2019年第 6 期。

［98］何绍辉：《政策演进与城市社区治理 70 年（1949—2019）》，《求索》2019 年第 3 期。

［99］赵纯：《旅游影响下乡村空间治理中的伦理重塑——基于空间生产理论视角》，《云南师范大学学报》（哲学社会科学版）2019 年第 3 期。

［100］金凤君：《论城市化的空间工具效应》，《地理研究》2013 年第 9 期。

［101］欧名豪等：《国土空间规划的多目标协同治理机制》，《中国土地科学》2020 年第 5 期。

［102］World Bank, *Inclusive Green Growth; The Pathway to Sustainable Development*, 2012.

［103］刘思华：《发展绿色经济，推进三重转变》，《理论月刊》2000 年第 2 期。

［104］诸大建：《中国发展 3.0：生态文明下的绿色发展——深化中国生态文明研究的十个思考》，《当代经济》2011 年第 11 期。

［105］李佐军、盛三化：《建立生态文明制度体系，推进绿色城镇化进程》，《经济纵横》2014 年第 1 期。

［106］王玲玲、张艳国：《"绿色发展"内涵探微》，《社会主义研究》2012年第 5 期。

［107］石敏俊、刘艳艳：《城市绿色发展：国际比较与问题透视》，《城市发展研究》2013 年第 5 期。

［108］胡鞍钢、周绍杰：《绿色发展：功能界定、机制分析与发展战略》，《中国人口·资源与环境》2014 年第 1 期。

［109］G. M. Grossman, A. B. Krueger, "Environmental Impacts of a North American Free Trade Agreement," *Social Science Electronic Publishing* 2 (1991).

［110］J. Andreoni, A. Levinson, "The Simple Analytics of the Environmental Kuznets Curve," *Journal of Public Economics* 2 (2001).

［111］ G. Marzio, L. Alessandro, P. Francesco, "Reassessing the Environmental Kuznets Curve for CO2 Emissions: A Robustness Exercise," *Ecological Economics* 57（2006）.

［112］周翼等:《碳排放与夜间灯光的 EKC 曲线关系实证——基于动态空间面板模型》,《生态经济》2018 年第 11 期。

［113］ Hannes, A. Thomas, "Dynamic Model of the Environmental Kuznets Curve: Turning Point and Public Policy," *Environmental and Resource Economics* 36（2007）.

［114］齐绍洲、严雅雪:《基于面板门槛模型的中国雾霾（PM2.5）库兹涅茨曲线研究》,《武汉大学学报》（哲学社会科学版）2017 年第 4 期。

［115］ M. E. Porter, C. V. D. Linde, "Toward a New Conception of the Environment Competitiveness Relationship," *Journal of Economic Perspectives* 4（1995）.

［116］李时兴:《偏好、技术与环境库兹涅茨曲线》,《中南财经政法大学学报》2012 年第 1 期。

［117］ A. Levinson, M. S. Taylor, "Unmasking the Pollution Haven Effect," *International Economic Review* 1（2008）.

［118］ S. Dinda, "Environm EntalKuznets Curve Hypothesis: A Survey," *Ecological Economics* 49（2004）.

［119］丁焕峰、李佩仪:《中国区域污染影响因素:基于 EKC 曲线的面板数据分析》,《中国人口·资源与环境》2010 年第 10 期。

［120］占华:《收入差距对环境污染的影响研究——兼对"EKC"假说的再检验》,《经济评论》2018 年第 6 期。

［121］陆旸:《从开放宏观的视角看环境污染问题:一个综述》,《经济研究》2012 年第 2 期。

［122］ M. R. John, "Green Growth and the Efficient Use of Natural Resources," *Energy Economics* 34（2012）.

［123］ K. Shironitta, "Global Structural Changes and Their Implication for Territorial CO2 Emissions," *Journal of Economic Structures* 1（2016）.

[124] 齐援军：《国内外绿色 GDP 研究的总体进展》，《经济研究参考》2004年第 88 期。

[125] 卢强等：《工业绿色发展评价指标体系及应用于广东省区域评价的分析》，《生态环境学报》2013 年第 3 期。

[126] 李晓西、刘一萌、宋涛：《人类绿色发展指数的测算》，《中国社会科学》2014 年第 6 期。

[127] 王亚平、程钰、任建兰：《城镇化对绿色经济效率的影响》，《城市问题》2017 年第 8 期。

[128] 林伯强、谭睿鹏：《中国经济集聚与绿色经济效率》，《经济研究》2019 年第 2 期。

[129] 任阳军等：《高技术产业集聚、空间溢出与绿色经济效率——基于中国省域数据的动态空间杜宾模型》，《系统工程》2019 年第 1 期。

[130] 佟金萍、陈洁、赵路路：《长江经济带绿色全要素用水效率对经济增长的空间溢出效应研究》，《生态经济》2019 年第 5 期。

[131] 赵金凯、杨万平：《中国各地区绿色发展效率测算》，《统计与决策》2017 年第 24 期。

[132] 黄跃、李琳：《中国城市群绿色发展水平综合测度与时空演化》，《地理研究》2017 年第 7 期。

[133] 涂正革、王秋皓：《中国工业绿色发展的评价及动力研究——基于地级以上城市数据门限回归的证据》，《中国地质大学学报》（社会科学版）2018 年第 1 期。

[134] 张仁杰、董会忠：《基于省级尺度的中国工业生态效率的时空演变及影响因素》，《经济地理》2020 年第 7 期。

[135] 吴遵杰、巫南杰：《长江经济带绿色经济效率测度、分解及影响因素研究——基于超效率 SBM-ML-Tobit 模型的分析》，《城市问题》2021年第 1 期。

[136] 王艳、苏怡：《绿色发展视角下中国节能减排效率的影响因素——基于超效率 DEA 和 Tobit 模型的实证研究》，《管理评论》2020 年第10 期。

［137］ A. Shuhei, "A Simple Accounting Framework for the Effect of Resource Misallocation on Aggregate Productivity," *Journal of The Japanese and International Economies* 4（2012）.

［138］ 王颂吉、白永秀：《城乡要素错配与中国二元经济结构转化滞后：理论与实证研究》，《中国工业经济》2013 年第 7 期。

［139］ 韩国珍、李国璋：《要素错配与中国工业增长》，《经济问题》2015 年第 1 期。

［140］ 黄茂兴、叶琪：《马克思主义绿色发展观与当代中国的绿色发展——兼评环境与发展不相容论》，《经济研究》2017 年第 6 期。

［141］ 焦嶕、赵国浩：《煤炭企业绿色低碳发展战略选择研究——基于层次分析法》，《华东经济管理》2019 年第 5 期。

［142］ 罗谦、徐贤浩、柏庆国：《碳排放约束下政府与企业的 stackelberg 决策分析》，《运筹与管理》2017 年第 2 期。

［143］ K. Dmitry, N. Timur, O. Anton, "Environmental Taxes and the Choice of Green Technology," *Production and Operations Management* 5（2013）.

［144］ 熊鹰：《政府环境管制、公众参与对企业污染行为的影响分析》，博士学位论文，南京农业大学，2007。

［145］ 何华、马常松、吴忠和：《碳限额与交易政策下考虑绿色技术投入的定价策略研究》，《中国管理科学》2016 年第 5 期。

［146］ 曹霞、张路蓬：《企业绿色技术创新扩散的演化博弈分析》，《中国人口·资源与环境》2015 年第 7 期。

［147］ 许士春、何正霞、龙如银：《环境规制对企业绿色技术创新的影响》，《科研管理》2012 年第 6 期。

［148］ C. Hongbin, J. V. Henderson, Z. Qinghua, "China's Land Market Auctions: Evidence of Corruption," *The Rand Journal of Economics* 3（2013）.

［149］ 黄忠华、杜雪君：《土地资源错配研究综述》，《中国土地科学》2014 年第 8 期。

［150］ 张雄、张安录、邓超：《土地资源错配及经济效率损失研究》，《中国人口·资源与环境》2017 年第 3 期。

[151] 李力行、黄佩媛、马光荣：《土地资源错配与中国工业企业生产率差异》，《管理世界》2016 年第 8 期。

[152] 李勇刚：《中国土地资源错配对绿色经济发展影响机制研究》，《南京社会科学》2021 年第 3 期。

[153] 卢建新、于路路、陈少衔：《工业用地出让、引资质量底线竞争与环境污染——基于 252 个地级市面板数据的经验分析》，《中国人口·资源与环境》2017 年第 3 期。

[154] 杨其静、卓品、杨继东：《工业用地出让与引资质量底线竞争——基于 2007～2011 年中国地级市面板数据的经验研究》，《管理世界》2014 年第 11 期。

[155] 孟望生、张扬：《自然资源禀赋、技术进步方式与绿色经济增长——基于中国省级面板数据的经验研究》，《资源科学》2020 年第 12 期。

[156] 张德元：《"十四五"时期全面提高资源利用效率的思考》，《宏观经济管理》2021 年第 1 期。

[157] 张智光：《绿色经济模式的演进脉络与超循环经济趋势》，《中国人口·资源与环境》2021 年第 1 期。

[158] 徐梦佳、刘冬：《城镇化进程中生态环境管治的国际经验与启示》，《中国环境管理》2019 年第 1 期。

[159] 高世楫、王海芹、李维明：《改革开放 40 年生态文明体制改革历程与取向观察》，《改革》2018 年第 8 期。

[160] 肖金成、刘保奎：《国土空间开发格局形成机制研究》，《区域经济评论》2013 年第 1 期。

[161] 严金明、陈昊、夏方舟：《深化农村"三块地"改革：问题、要义和取向》，《改革》2018 年第 5 期。

[162] 熊波、杨碧云：《命令控制型环境政策改善了中国城市环境质量吗？——来自"两控区"政策的"准自然实验"》，《中国地质大学学报》（社会科学版）2019 年第 3 期。

[163] 郑石明：《环境政策何以影响环境质量？——基于省级面板数据的证据》，《中国软科学》2019 年第 2 期。

［164］ 黄栋、匡立余：《利益相关者与城市生态环境的共同治理》，《中国行政管理》2006 年第 8 期。

［165］ 周美玲等：《绿色空间与经济发展典型要素时空匹配性研究——以浙江省为例》，《中国土地科学》2021 年第 3 期。

［166］ 沈辉、李宁：《生态产品的内涵阐释及其价值实现》，《改革》2021 年第 9 期。

［167］ A. Stefan, C. Jessica, "Prices vs Quantities with Multiple Pollutants," *Journal of Environmental Economics and Management* 1 (2013).

［168］ L. Paul, et. al, "Environmental Policy, Innovation and Performance: New Insights on the Porter Hypothesis," *Journal of Economics & Management Strategy* 3 (2011).

［169］ R. Yana, G. Marzio, V. Elena, "Environmental Regulation and Competitiveness: Empirical Evidence on the Porter Hypothesis from European Manufacturing Sectors," *Energy Policy* 83 (2015).

［170］ V. D. Mcconnell, R. M. Schwab, "The Impact of Environmental Regulation on Industry Location Decisions: Motor Vehicle Industry," *Land Economics* 1 (1990).

［171］ D. W. Jorgenson, P. J. Wilcoxen, "Environmental Regulation and U. S. Economic Growth," *Rand Journal of Economics* 2 (1990).

［172］ M. E. Norman, Government Involvement in Environmental Technology Development: A Critical Analysis," *Environmental Conservation* 2 (1996).

［173］ J. Plaut, "Industry Environmental Processes: Beyond Compliance," *Technology in Society* 4 (1998).

［174］ A. Vatn, "Input Versus Emission Taxes: Environmental Taxes in a Mass Balance and Transaction Costs Perspective," *Land Economics* 4 (1998).

［175］ J. L. Zofio, A. M. Prieto, "Environmental Efficiency and Regulatory Standards: the Case of Co2 Emissions from OECDIndustries," *Resource and Energy Economics* 1 (2001).

［176］ J. A. List, W. W. Mchone, D. L. Millimet, "Effects of Environmental Regulation on Foreign and Domestic Plant Births: Is There a Home Field Advantage," *Journal of Urban Economics* 2 (2004).

[177] D. E. Bennett, et. al, "Utility Engagement With Payments for Watershed Services in the United States," *Ecosystem Services* 8 (2014).

[178] J. H. Williams, F. Kahrl, "Electricity Reform and Sustainable Development in China," *Environmental Research Letters* 4 (2008).

[179] L. S. Lau, C. K. Choong, Y. K. Eng, "Investigation of the Environmental Kuznets Curve for Carbon Emissions in Malaysia: Do Foreign Direct Investment and Trade Matter," *Energy Policy* 5 (2014).

[180] J. H. Skurray, R. Pandit, D. J. Pannell, "Institutional Impediments to Groundwater Trading: the Case of the Gnangara Groundwater System of Western Australia," *Working Papers* 7 (2011).

[181] J. Hoffman, "Watershed Shift Collaboration and Employers in the New York City Catskill Delaware Watershed from 1990−2003," *Ecological Economics* 1 (2008).

[182] A. Villarroya, J. Puig, "Ecological Compensation and Environmental Impact Assessment in Spain," *Environmental Impact Assessment Review* 6 (2010).

[183] Y. Alsaleh, S. Mahroum, "A Critical Review of the Interplay between Policy Instruments and Business Models: Greening the Built Environment a Case in Point," *Journal of Cleaner Production* 16 (2015).

[184] Y. Kim, D. E. Rhee, "Do Stringent Environmental Regulations Attract Foreign Direct Investment in Developing Countries? Evidence on the 'Race to the Top' from Cross-country Panel Data," *Emerging Markets Finance and Trade* 12 (2019).

[185] S. Bigerna, M. C. D'Errico, P. Polinori, "Environmental and Energy Efficiency of EU Electricity Industry: An Almost Spatial Two Stages DEA Approach," *Energy Journal* 1 (2019).

[186] 杨涛:《环境规制对中国对外贸易影响的实证分析》,《当代财经》

2003 年第 10 期。

[187] 张荐华：《论政府微观经济规制》，《经济评论》1995 年第 5 期。

[188] 汪涛、叶元煦：《政府激励企业环境技术创新的初步研究》，《中国人口·资源与环境》1998 年第 1 期。

[189] 强永昌：《环境规制与比较竞争优势》，《世界经济文汇》2001 年第 1 期。

[190] 傅京燕：《贸易与环境问题的研究动态与述评》，《国际贸易问题》2005 年第 10 期。

[191] 吴玉鸣：《外商直接投资与环境规制关联机制的面板数据分析》，《经济地理》2007 年第 1 期。

[192] 许士春：《环境管制与企业竞争力——基于"波特假说"的质疑》，《国际贸易问题》2007 年第 5 期。

[193] 赵哲、罗永明：《"污染避难所"假说在中国的实证检验》，《生态经济》2008 年第 7 期。

[194] 陈诗一：《中国的绿色工业革命：基于环境全要素生产率视角的解释（1980—2008）》，《经济研究》2010 年第 11 期。

[195] 张成等：《环境规制强度和生产技术进步》，《经济研究》2011 年第 2 期。

[196] 杨文举：《基于 DEA 的绿色经济增长核算：以中国地区工业为例》，《数量经济技术经济研究》2011 年第 1 期。

[197] 罗能生、王玉泽：《财政分权、环境规制与区域生态效率——基于动态空间杜宾模型的实证研究》，《中国人口·资源与环境》2017 年第 4 期。

[198] 朱金鹤、王雅莉：《创新补偿抑或遵循成本？污染光环抑或污染天堂？——绿色全要素生产率视角下双假说的门槛效应与空间溢出效应检验》，《科技进步与对策》2018 年第 20 期。

[199] 邵帅：《环境规制的区域产能调节效应——基于空间计量和门槛回归的双检验》，《现代经济探讨》2019 年第 1 期。

[200] 武建新、胡建辉：《环境规制、产业结构调整与绿色经济增长——基

于中国省级面板数据的实证检验》，《经济问题探索》2018 年第 3 期。

[201] 彭皓玥：《公众权益与跨区域生态规制策略研究——相邻地方政府间的演化博弈行为分析》，《科技进步与对策》2016 年第 7 期。

[202] 张同斌、张琦、范庆泉：《政府环境规制下的企业治理动机与公众参与外部性研究》，《中国人口·资源与环境》2017 年第 2 期。

[203] 初钊鹏、刘昌新、朱婧：《基于集体行动逻辑的京津冀雾霾合作治理演化博弈分析》，《中国人口·资源与环境》2017 年第 9 期。

[204] 沈坤荣、金刚、方娴：《环境规制引起了污染就近转移吗?》，《经济研究》2017 年第 5 期。

[205] 钟水映、简新华主编《人口、资源与环境经济学》，北京大学出版社，2017。

[206] 王如松、欧阳志云：《社会—经济—自然复合生态系统与可持续发展》，《中国科学院院刊》2012 年第 3 期。

[207] 邓红兵等：《区域生态用地的概念及分类》，《生态学报》2009 年第 3 期。

[208] L. Anselin, D. A. Griffith, "Do Spatial Effects Really Matter in Regression Analysis," *Papers in Regional Science* 1 (1988).

[209] 杨开忠、董亚宁：《黄河流域生态保护和高质量发展制约因素与对策——基于"要素—空间—时间"三维分析框架》，《水利学报》2020 年第 9 期。

[210] 杨开忠：《习近平生态文明思想实践模式》，《城市与环境研究》2021 年第 1 期。

[211] 李王鸣、潘蓉：《精明增长对浙江省城镇空间发展的启示》，《经济地理》2006 年第 2 期。

[212] 宋治清、王仰麟：《城市景观及其格局的生态效应研究进展》，《地理科学进展》2004 年第 2 期。

[213] 李锋、王如松、赵丹：《基于生态系统服务的城市生态基础设施：现状、问题与展望》，《生态学报》2014 年第 1 期。

[214] 凌焕然等：《近二十年来上海不同城市空间尺度绿地的生态效益》，

《生态学报》2011 年第 19 期。

[215] 董亚宁等：《公共服务、城市规模与人才区位——基于新空间经济学理论的分析》，《科技进步与对策》2021 年第 1 期。

[216] 张骥：《地方品质与经济地理——一种新空间经济模型》，博士学位论文，北京大学，2019。

[217] 王德起、何晶彦、吴件：《京津冀区域创新生态系统：运行机理及效果评价》，《科技进步与对策》2020 年第 10 期。

[218] 刘凤良等：《我国产业结构调整的新取向：市场驱动与激励相容》，《改革》2013 年第 10 期。

[219] 胡安军等：《高新技术产业集聚能够提高地区绿色经济效率吗?》，《中国人口·资源与环境》2018 年第 9 期。

[220] 洪银兴：《实现要素市场化配置的改革》，《经济学家》2020 年第 2 期。

[221] 肖挺、刘华：《产业结构调整与节能减排问题的实证研究》，《经济学家》2014 年第 9 期。

[222] 赵宁：《中部地区生态型城镇化发展战略研究——基于城镇化与生态环境的实证分析》，《理论月刊》2014 年第 11 期。

[223] 张利华、邹波、黄宝荣：《城市绿地生态功能综合评价体系研究的新视角》，《中国人口·资源与环境》2012 年第 4 期。

[224] 王琰、王庆明：《城市治理与绿地空间——新型城镇化背景下土地使用方式的转型》，《北京理工大学学报》（社会科学版）2020 年第 5 期。

[225] 柏樱岚、王如松、姚亮：《北京城市生态占水研究》，《生态学报》2011 年第 15 期。

[226] 王群、陆林、杨兴柱：《千岛湖社会——生态系统恢复力测度与影响机理》，《地理学报》2015 年第 5 期。

[227] 段学军等：《长江岸线生态保护的重大问题及对策建议》，《长江流域资源与环境》2019 年第 11 期。

[228] 王振波等：《京津冀特大城市群生态安全格局时空演变特征及其影响

因素》,《生态学报》2018 年第 12 期。

[229] 金凤君:《黄河流域生态保护与高质量发展的协调推进策略》,《改革》
2019 年第 11 期。

[230] M. Busse, "Trade, Environmental Regulations and the World Trade Organization: New Empirical Evidence," *Journal of World Trade* 8 (2004).

[231] 陆旸:《环境规制影响了污染密集型商品的贸易比较优势吗?》,《经济
研究》2009 年第 4 期。

[232] 傅京燕、李丽莎:《环境规制、要素禀赋与产业国际竞争力的实证研
究——基于中国制造业的面板数据》,《管理世界》2010 年第 10 期。

[233] 原毅军、谢荣辉:《环境规制的产业结构调整效应研究——基于中国
省际面板数据的实证检验》,《中国工业经济》2014 年第 8 期。

[234] 赵霄伟:《地方政府间环境规制竞争策略及其地区增长效应——来自
地级市以上城市面板的经验数据》,《财贸经济》2014 年第 10 期。

[235] 刘修岩、李松林、秦蒙:《城市空间结构与地区经济效率——兼论中
国城镇化发展道路的模式选择》,《管理世界》2017 年第 1 期。

[236] 吴常艳等:《长江经济带经济联系空间格局及其经济一体化趋势》,
《经济地理》2017 年第 7 期。

[237] 李博雅:《基于修正引力模型的山西省城市经济联系分析》,《经济问
题》2018 年第 7 期。

[238] J. Scott, *Social Network Analysis* (London: Sage, 2017).

[239] 周侃、樊杰、盛科荣:《国土空间管控的方法与途径》,《地理研究》
2019 年第 10 期。

[240] 谢海燕:《绿色发展下循环经济的现状及方向》,《宏观经济管理》
2020 年第 1 期。

[241] 冯林玉、秦鹏:《生活垃圾分类的实践困境与义务进路》,《中国人
口·资源与环境》2019 年第 5 期。

[242] 王家庭、曹清峰:《京津冀区域生态协同治理:由政府行为与市场机
制引申》,《改革》2014 年第 5 期。

[243] 钱争鸣、刘晓晨:《环境管制与绿色经济效率》,《统计研究》2015 年

第 7 期。

[244] 李勇刚：《中国土地资源错配对绿色经济发展影响机制研究》，《南京社会科学》2021 年第 3 期。

[245] 彭秀丽、陈柏福：《新循环经济的"绿色效率"及其实现机制》，《湖南师范大学社会科学学报》2008 年第 1 期。

[246] 弓媛媛：《环境规制对中国绿色经济效率的影响——基于 30 个省份的面板数据的分析》，《城市问题》2018 年第 8 期。

[247] 张平淡、屠西伟：《制造业集聚促进中国绿色经济效率提升了吗?》，《北京师范大学学报》（社会科学版）20 年 21 第 1 期。

[248] J. P. Elhorst, Z. Katarina, "Competition in Research Activity among Economic Departments: Evidence by Negative Spatial Autocorrelation," *Geographical Analysis* 2 (2014).

[249] L. Anselin, J. L. Gallo, H. Jayet, "Spatial Pannel Econometrics," *Econometrics of Pannel Data* 3 (2008).

[250] 于斌斌：《中国城市生产性服务业集聚模式选择的经济增长效应——基于行业、地区与城市规模异质性的空间杜宾模型分析》，《经济理论与经济管理》2016 年第 1 期。

[251] 刘玉凤、高良谋：《异质性环境规制、地方保护与产业结构升级；空间效应视角》，《中国软科学》2020 年第 9 期。

[252] 武前波：《知识经济背景下中国城镇化的第三次浪潮》，《经济地理》2020 年第 9 期。

[253] 张桅、胡艳：《长三角地区创新型人力资本对绿色全要素生产率的影响—基于空间杜宾模型的实证分析》，《中国人口·资源与环境》2020 年第 9 期。

[254] 苏科、周超：《人力资本、科技创新与绿色全要素生产率——基于长江经济带城市数据分析》，《经济问题》2021 年第 5 期。

[255] 黄秀路、韩先锋、葛鹏飞：《"一带一路"国家绿色全要素生产率的时空演变及影响机制》，《经济管理》2017 年第 9 期。

[256] 涂正革：《环境、资源与工业增长的协调性》，《经济研究》2008 年第

2 期。

[257] 周杰琦、张莹：《外商直接投资、经济集聚与绿色经济效率——理论分析与中国经验》，《国际经贸探索》2021 年第 1 期。

[258] 李佳、汤毅：《贸易开放、FDI 与全要素生产率》，《宏观经济研究》2019 年第 9 期。

[259] 佟贺丰等：《中国绿色经济发展展望——基于系统动力学模型的情景分析》，《中国软科学》2015 年第 6 期。

[260] 王竹君：《异质型环境规制对我国绿色经济效率的影响研究》，博士学位论文，西北大学，2019。

[261] P. Pedroni, "Critical Values for Cointegration Tests in Heterogenous Panels with Multiple Regressors," *Oxford Bulletin of Economics & Statistics* S1 (1999).

[262] 蔡宁、丛雅静、吴婧文：《中国绿色发展与新型城镇化——基于 SBM-DDF 模型的双维度研究》，《北京师范大学学报》（社科版）2014 年第 5 期。

[263] 刘亦文、欧阳莹、蔡宏宇：《中国农业绿色全要素生产率测度及时空演化特征研究》，《数量经济技术经济研究》2021 年第 5 期。

[264] 林阳、吴克宁：《土地资源市场化与产业结构升级——基于非线性因果关系和时空地理加权模型的考察》，《地域研究与开发》2021 年第 3 期。

[265] Y. Minhua, X. Zhiming, K. Deyi, "Study on the Interactive Mechanism for Land-use Structure Optimization and Industrial Structure Upgrading in Fuzhou Free Trade Zone," *Journal of Residuals Science & Technology* 7 (2016).

[266] 张治栋、秦淑悦：《环境规制、产业结构调整对绿色发展的空间效应——基于长江经济带城市的实证研究》，《现代经济探讨》2018 年第 11 期。

[267] 韩永辉、黄亮雄、王贤彬：《产业结构优化升级改进生态效率了吗？》，《数量经济技术经济研究》2016 年第 4 期。

[268] 顾剑华、王亚倩：《产业结构变迁对区域高质量绿色发展的影响及其空间溢出效应——基于我国省域面板数据的实证研究》，《西南大学学

报》（自然科学版）2021 年第 8 期。

[269] D. P. Mackinnon, J. L. Krull, C. M. Lockwood, "Equivalence of the Mediation, Suppression and Confounding Effect," *Prevention Science* 4 (2000).

[270] R. M. Baron, D. A. Kenny, "The Moderator-mediator Variable Distinction in Social Psychological Research: Conceptual, Strategic, and Statistical Considerations," *Journal of Personality & Social Psychology* 6 (1986).

[271] 王晓岭、何枫、朱召君：《FDI 对京津冀环境质量影响研究》，《财经问题研究》2019 年第 9 期。

[272] 彭继增、李爽、王怡：《地区信息化与绿色经济发展的空间关联性研究——基于空间杜宾模型的实证分析》，《工业技术经济》2019 年第 8 期。

[273] 王勇、李海英、俞海：《中国省域绿色发展的空间格局及其演变特征》，《中国人口·资源与环境》2018 年第 10 期。

[274] K. Volgmann, A. Munter, "Understanding Metropolitan Growth in German Polycentric Urban Regions," *Regional Studies* 8 (2020).

[275] 丁如曦、刘梅、李东坤：《多中心城市网络的区域经济协调发展驱动效应——以长江经济带为例》，《统计研究》2020 年第 11 期。

[276] 吴月、冯静芹：《超大城市群环境治理合作网络：结构、特征与演进——以粤港澳大湾区为例》，《经济体制改革》2021 年第 4 期。

[277] 李芝倩、樊士德：《长三角城市群网络结构研究——基于社会网络分析方法》，《华东经济管理》2021 年第 6 期。

附 录

附表 1 2007~2017 年京津冀及周边 30 个城市城镇空间治理强度指数

地区	2007 年	2008 年	2009 年	2010 年	2011 年	2012 年	2013 年	2014 年	2015 年	2016 年	2017 年
北京	0.8161	0.6728	0.7516	0.7380	0.6734	0.6581	0.7268	0.8077	0.7915	0.7424	0.7681
天津	0.6508	0.5504	0.5436	0.5257	0.5240	0.4957	0.5003	0.5673	0.5472	0.5407	0.6378
石家庄	0.5204	0.4468	0.4613	0.4828	0.5126	0.5107	0.3993	0.5086	0.4855	0.4711	0.4962
唐山	0.5485	0.4460	0.4511	0.4678	0.3741	0.3565	0.3478	0.3578	0.3359	0.3433	0.3322
秦皇岛	0.4894	0.4896	0.4801	0.4969	0.4144	0.4216	0.3904	0.3970	0.3548	0.3788	0.4045
邯郸	0.4927	0.5779	0.6249	0.6569	0.6462	0.6895	0.5942	0.5423	0.6114	0.6909	0.5539
邢台	0.3945	0.4527	0.4983	0.5159	0.4259	0.4411	0.4854	0.4049	0.2348	0.2360	0.2563
保定	0.3873	0.3797	0.3531	0.3814	0.3745	0.2567	0.2642	0.3378	0.2905	0.3208	0.3811
张家口	0.2127	0.1832	0.2507	0.2713	0.3061	0.3146	0.3111	0.3805	0.3311	0.3268	0.2981
承德	0.1718	0.1464	0.2176	0.2263	0.1523	0.1574	0.1990	0.1570	0.2020	0.1854	0.1326
沧州	0.3665	0.4411	0.3876	0.3864	0.3685	0.3911	0.3736	0.3441	0.3393	0.3883	0.3953
廊坊	0.6433	0.5058	0.5160	0.5085	0.4462	0.4602	0.3940	0.4545	0.4111	0.3752	0.4601
衡水	0.4130	0.3800	0.3577	0.4277	0.3962	0.3185	0.4048	0.3274	0.4014	0.4119	0.5290
太原	0.5215	0.4317	0.4034	0.3863	0.4156	0.4117	0.4358	0.5018	0.5001	0.4739	0.4867
阳泉	0.2689	0.4044	0.4102	0.4255	0.4311	0.4627	0.3795	0.4807	0.4889	0.3905	0.3238
晋城	0.3488	0.3764	0.4031	0.2886	0.3878	0.4373	0.3690	0.3444	0.3309	0.3024	0.2877
济南	0.6331	0.5396	0.5239	0.5151	0.4185	0.4666	0.4886	0.5371	0.4875	0.5064	0.4940
淄博	0.6491	0.7218	0.7309	0.7345	0.7247	0.7856	0.6940	0.6965	0.7283	0.6866	0.6862
济宁	0.5909	0.5733	0.5402	0.5287	0.4297	0.4563	0.4508	0.5327	0.4678	0.4818	0.5104
德州	0.3265	0.2567	0.3410	0.3499	0.3580	0.3790	0.3828	0.4696	0.4736	0.4626	0.4832

地区	2007 年	2008 年	2009 年	2010 年	2011 年	2012 年	2013 年	2014 年	2015 年	2016 年	2017 年
聊城	0.4768	0.5547	0.5387	0.5444	0.5476	0.6049	0.6271	0.6543	0.6186	0.6101	0.5957
滨州	0.2555	0.3304	0.3639	0.3750	0.3559	0.4496	0.3979	0.5272	0.5254	0.4615	0.4336
菏泽	0.3953	0.4171	0.4657	0.4108	0.3616	0.3685	0.3879	0.3844	0.3764	0.3744	0.3835
郑州	0.5451	0.5322	0.5374	0.5225	0.5262	0.5382	0.5305	0.6218	0.5865	0.6381	0.6742
开封	0.2394	0.2174	0.2348	0.1888	0.3145	0.2881	0.2441	0.3049	0.3400	0.3510	0.3976
安阳	0.3630	0.2804	0.3483	0.3201	0.2767	0.3657	0.3438	0.3026	0.3091	0.3497	0.3448
鹤壁	0.3890	0.3803	0.4174	0.3947	0.4002	0.3702	0.3571	0.4150	0.4110	0.4216	0.4603
新乡	0.4229	0.4340	0.4112	0.3927	0.4184	0.3715	0.3458	0.4442	0.3685	0.3663	0.3881
焦作	0.4036	0.3522	0.3732	0.3685	0.3583	0.2865	0.3141	0.4535	0.4183	0.4033	0.4647
濮阳	0.3222	0.3643	0.3308	0.2964	0.3315	0.2971	0.2896	0.4008	0.3389	0.3672	0.4323

附表 2　2007~2017 年京津冀及周边 30 个城市城镇空间开发强度增幅

单位：%

地区	2007 年	2008 年	2009 年	2010 年	2011 年	2012 年	2013 年	2014 年	2015 年	2016 年	2017 年
北京	3.24	2.62	2.00	1.96	1.46	1.57	1.34	1.61	1.27	0.05	1.82
天津	7.96	6.45	5.17	4.92	3.99	4.16	3.63	3.83	2.74	0.13	9.79
石家庄	-2.55	6.17	4.89	4.63	4.07	4.35	4.63	26.62	3.84	0.20	-3.98
唐山	15.21	3.50	3.20	2.92	2.39	2.67	0.89	4.58	1.16	0.21	-2.93
秦皇岛	5.28	4.19	4.36	4.01	-0.30	3.51	3.99	5.37	4.37	0.05	2.78
邯郸	8.00	6.91	6.24	6.13	5.08	5.09	8.99	6.32	3.62	1.46	3.14
邢台	11.16	9.80	6.64	6.70	6.14	4.98	5.91	5.37	1.92	0.48	2.64
保定	5.22	5.23	4.51	3.92	-4.07	4.14	10.46	-2.04	2.54	0.09	1.00
张家口	9.54	7.11	5.87	5.21	4.81	4.77	6.58	7.32	5.90	0.04	9.21
承德	8.56	6.46	5.15	5.84	5.33	5.42	5.84	9.05	4.55	0.00	6.36
沧州	15.81	24.36	11.61	9.80	9.66	8.11	10.09	12.25	5.63	0.11	3.46
廊坊	13.69	12.34	8.39	8.65	7.75	7.08	9.40	10.81	7.13	0.08	1.93
衡水	13.06	10.23	9.28	8.74	6.95	7.53	10.02	9.45	5.27	0.16	1.37
太原	4.66	2.29	2.56	1.89	1.12	1.43	1.09	1.02	0.81	3.21	11.78
阳泉	9.60	7.06	4.77	5.64	5.03	7.33	7.47	9.24	5.28	0.15	10.57
晋城	7.83	7.26	5.96	4.72	4.92	5.61	10.44	8.27	7.22	1.85	8.43
济南	9.02	9.58	7.49	6.63	6.37	6.08	8.30	10.01	2.88	0.92	3.81

续表

地区	2007 年	2008 年	2009 年	2010 年	2011 年	2012 年	2013 年	2014 年	2015 年	2016 年	2017 年
淄博	5.96	5.11	4.19	4.17	3.58	2.85	4.21	3.84	1.99	0.76	3.07
济宁	14.61	12.51	10.42	6.68	7.23	6.84	9.50	7.42	4.41	0.98	3.57
德州	14.32	19.21	14.67	12.57	11.95	13.21	12.53	14.78	6.26	0.97	3.19
聊城	15.86	14.89	12.23	10.79	9.78	9.28	5.97	10.28	3.91	0.86	3.32
滨州	20.72	27.95	17.00	13.51	13.83	11.85	12.05	12.55	6.17	0.97	6.98
菏泽	16.08	14.99	14.42	12.48	11.60	9.71	12.11	14.27	5.73	0.40	4.24
郑州	11.91	9.16	7.10	5.57	4.70	4.74	5.89	5.08	3.20	1.77	13.45
开封	9.43	14.55	11.07	9.14	9.62	8.68	12.70	17.39	3.27	0.49	7.62
安阳	9.50	9.34	6.93	7.77	7.00	7.06	9.42	6.77	4.26	0.21	1.70
鹤壁	11.82	14.17	7.71	7.55	6.17	6.44	7.66	6.57	4.34	0.72	2.18
新乡	10.07	13.17	9.29	6.72	5.12	4.58	1.44	4.47	3.34	0.80	1.46
焦作	10.10	10.95	8.63	5.63	3.93	3.40	3.98	3.47	2.08	1.25	2.06
濮阳	10.59	14.19	11.36	9.05	8.59	8.53	15.01	12.08	7.17	0.32	2.34

附表 3 2007~2017 年京津冀及周边 30 个城市绿色经济效率

地区	2007 年	2008 年	2009 年	2010 年	2011 年	2012 年	2013 年	2014 年	2015 年	2016 年	2017 年
北京	1.1356	1.1176	1.1170	1.1229	1.1544	1.1534	1.1409	1.1652	1.1759	1.1698	1.1636
天津	0.7004	0.7474	1.0033	1.0047	1.0352	1.0358	1.0401	1.0422	1.0509	1.0401	1.0294
石家庄	0.6211	0.6643	0.6511	0.6106	0.7298	0.7276	0.7297	0.7356	0.7019	0.7070	0.7888
唐山	1.0125	1.0270	1.0181	1.0111	1.0251	1.0169	1.0220	1.0229	1.0163	1.0133	1.0139
秦皇岛	0.6524	0.6763	0.6537	0.6448	0.6535	0.6417	0.6064	0.6271	0.6090	0.6124	0.6535
邯郸	0.6321	0.6896	0.6545	0.6260	0.6648	0.6571	0.6055	0.5975	0.5971	0.5705	0.6068
邢台	0.6073	0.5862	0.5712	0.5375	0.5876	0.5841	0.5775	0.6178	0.6544	0.6606	0.7194
保定	0.6467	0.6601	0.6774	0.6545	0.7420	0.7273	0.7062	0.7239	0.6911	0.7065	0.7717
张家口	0.5500	0.5861	0.5985	0.5740	0.6034	0.6214	0.6073	0.5977	0.5946	0.5864	0.5763
承德	0.5639	0.6164	0.6161	0.5980	0.6694	0.6926	0.6711	0.6653	0.6460	0.6184	0.6025
沧州	1.0780	1.0701	1.0774	1.0821	1.0704	1.0619	1.0336	1.0537	1.0521	1.0426	1.0338
廊坊	1.0084	1.0032	0.6916	0.6352	0.7713	0.7597	0.7339	0.8080	0.8329	0.8052	1.0064
衡水	1.0181	1.0080	0.8290	0.7886	0.8556	0.8197	0.7740	0.8121	0.8659	1.0025	1.0410
太原	0.4074	0.4568	0.5074	0.5042	0.5942	0.5893	0.5884	0.5560	0.5722	0.5746	0.6013
阳泉	0.3713	0.3998	0.4690	0.4936	0.5604	0.5871	0.5437	0.5419	0.4979	0.4891	0.4710

地区	2007 年	2008 年	2009 年	2010 年	2011 年	2012 年	2013 年	2014 年	2015 年	2016 年	2017 年
晋城	0.5748	0.6308	0.6437	1.0070	0.6407	0.6638	0.5793	0.5618	0.5676	0.5403	0.5484
济南	1.0007	0.8590	1.0115	1.0098	1.0031	1.0057	1.0073	1.0114	1.0155	1.0077	1.0169
淄博	1.0094	1.0055	1.0111	1.0183	1.0156	1.0150	1.0035	0.8431	0.7848	0.7352	0.7616
济宁	1.0073	1.0097	1.0076	1.0010	0.9672	0.9000	0.7831	0.7971	0.8150	0.7759	1.0011
德州	0.7070	0.7690	0.7235	0.6743	1.0106	1.0090	1.0074	0.7646	0.7416	0.7071	1.0185
聊城	1.0006	1.0071	1.0192	1.0142	1.0223	1.0227	1.0384	1.0273	0.8067	1.0404	1.1379
滨州	1.0672	1.0504	1.0334	1.0002	0.9652	0.9638	1.0008	0.7801	0.7625	0.6244	0.6252
菏泽	0.7031	0.7337	1.0042	1.0191	1.0416	1.0495	1.0431	1.0420	1.0460	1.0429	1.0443
郑州	0.6069	0.6243	0.6426	0.6545	0.7727	0.7685	0.8105	0.7935	0.7763	0.8268	0.7984
开封	1.0240	1.0301	1.0267	1.0229	1.0106	1.0006	0.8084	0.7755	0.7254	0.7531	0.7636
安阳	0.5450	0.5977	0.6206	0.6025	0.6137	0.6256	0.5900	0.5722	0.5790	0.5989	0.6629
鹤壁	0.5648	0.5593	0.5989	0.5902	0.6385	0.6282	0.6224	0.6177	0.6592	0.6650	0.6976
新乡	0.5070	0.5067	0.5094	0.5159	0.6406	0.6497	0.5804	0.5859	0.5625	0.5672	0.6760
焦作	0.5894	0.6104	0.5804	0.5762	0.7004	0.6763	0.6485	0.7418	0.7160	0.7129	1.0151
濮阳	0.7294	1.0020	0.7470	0.7383	1.0016	0.8057	0.8126	0.8418	0.7872	1.0024	0.8661

附表 4　2007~2009 年京津冀及周边 30 个城市城镇空间治理网络关联中心特征

地区	2007 年					2008 年					2009 年				
	点入度	点出度	点度中心度	接近中心度	中间中心度	点入度	点出度	点度中心度	接近中心度	中间中心度	点入度	点出度	点度中心度	接近中心度	中间中心度
北京	9	4	13	44.6154	18.0722	8	5	13	35.3659	4.5607	9	4	13	40.8451	24.8741
天津	12	5	17	43.9394	28.2049	10	5	15	43.2836	27.9634	9	5	14	35.8025	13.2630
石家庄	9	9	18	53.7037	149.1673	7	7	14	44.6154	44.6971	7	9	16	45.3125	81.3744
唐山	7	5	12	36.2500	60.2658	7	5	12	34.1176	54.0000	7	6	13	34.5238	58.7824
秦皇岛	2	7	9	27.1028	46.3191	2	7	9	25.8929	29.5000	2	8	10	26.1261	11.3904
邯郸	12	6	18	53.7037	141.0548	14	5	19	58.0000	58.9531	16	5	21	59.1837	64.6708
邢台	6	7	13	45.3125	25.4662	10	7	17	55.7692	96.0894	10	7	17	54.7170	107.9643
保定	7	7	14	44.6154	54.4068	7	8	15	42.0290	53.6963	7	9	16	42.0290	63.8441
张家口	0	6	6	0.0000	0.0000	0	7	7	0.0000	0.0000	0	6	6	0.0000	0.0000

地区	2007 年					2008 年					2009 年				
	点入度	点出度	点度中心度	接近中心度	中间中心度	点入度	点出度	点度中心度	接近中心度	中间中心度	点入度	点出度	点度中心度	接近中心度	中间中心度
承德	1	5	6	21.4815	0.0000	1	6	7	20.7143	0.0000	2	5	7	26.1261	0.0000
沧州	8	11	19	41.4286	81.8628	13	11	24	46.0317	179.4298	9	11	20	43.2836	140.7880
廊坊	10	4	14	46.7742	22.8168	8	5	13	35.3659	4.5607	8	5	13	34.9398	9.1713
衡水	9	10	19	48.3333	83.0093	8	10	18	50.8772	97.0357	8	8	16	50.0000	61.9489
太原	2	7	9	35.8025	6.8764	2	5	7	31.5217	1.6780	2	5	7	31.8681	1.7702
阳泉	3	5	8	36.7089	0.7000	4	5	9	42.0290	12.8119	4	5	9	41.4286	10.9948
晋城	3	5	8	27.1028	0.2500	4	5	9	29.5918	2.7295	4	6	10	29.2929	4.9178
济南	8	6	14	46.7742	35.5067	7	7	14	48.3333	31.1877	7	7	14	46.0317	14.4737
淄博	7	7	14	43.9394	64.3926	8	5	13	49.1525	36.1679	7	6	13	46.0317	44.7644
济宁	5	7	12	42.0290	35.1403	5	6	11	45.3125	27.6138	5	7	12	44.6154	25.7911
德州	8	7	15	47.5410	39.2794	4	8	12	46.0317	15.9588	8	9	17	49.1525	40.3761
聊城	9	11	20	50.0000	134.0114	12	11	23	61.7021	210.2623	12	11	23	59.1837	189.1096
滨州	3	5	8	36.2500	2.2540	3	5	8	37.1795	1.1667	5	6	11	38.1579	13.9306
菏泽	4	10	14	38.6667	42.2618	6	9	15	46.7742	64.3395	6	9	15	45.3125	67.7474
郑州	6	6	12	34.1176	13.3738	6	7	13	37.1795	18.9430	6	6	12	36.2500	14.8427
开封	4	7	11	33.3333	12.2393	3	7	10	34.9398	4.7688	3	9	12	34.1176	5.8117
安阳	12	4	16	47.5410	34.1530	7	5	12	50.0000	23.2879	9	5	14	50.8772	36.0320
鹤壁	12	4	16	47.5410	42.2963	12	4	16	54.7170	30.7477	13	4	17	54.7170	34.4412
新乡	8	8	16	35.8025	64.6983	8	9	17	39.7260	54.4175	8	9	17	39.1892	56.9875
焦作	4	4	8	27.3585	0.3333	4	4	8	29.5918	0.0000	4	4	8	29.2929	0.0000
濮阳	8	9	17	44.6154	86.5874	9	9	18	50.8772	88.4329	8	9	17	48.3333	66.9373

图书在版编目(CIP)数据

生态文明视域下城镇空间治理对绿色经济效率的影响
研究 / 何晶彦著 . --北京:社会科学文献出版社,
2025. 7. --ISBN 978-7-5228-5337-6

Ⅰ. F124. 5

中国国家版本馆 CIP 数据核字第 2025D4A351 号

生态文明视域下城镇空间治理对绿色经济效率的影响研究

著　　者 / 何晶彦

出 版 人 / 冀祥德
责任编辑 / 王玉山　李艳芳
文稿编辑 / 王雅琪
责任印制 / 岳　阳

出　　版 / 社会科学文献出版社
　　　　　　地址:北京市北三环中路甲 29 号院华龙大厦　邮编:100029
　　　　　　网址:www.ssap.com.cn
发　　行 / 社会科学文献出版社(010)59367028
印　　装 / 三河市东方印刷有限公司

规　　格 / 开 本:787mm×1092mm　1/16
　　　　　　印 张:12.25　字 数:192 千字
版　　次 / 2025 年 7 月第 1 版　2025 年 7 月第 1 次印刷
书　　号 / ISBN 978-7-5228-5337-6
定　　价 / 88.00 元

读者服务电话:4008918866